国家社会科学/自然科学基金项目丛书

农村金融资源配置研究

——基于新疆新农村建设的背景

Research on the Allocation of Rural Financial Resources
——Based on the Background of the New Rural Construction of Xinjiang

李季刚 等著

中国金融出版社

责任编辑：古炳鸿　陈晓赫
责任校对：李俊英
责任印制：程　颖

图书在版编目（CIP）数据

农村金融资源配置研究（Nongcun Jinrong Ziyuan Peizhi Yanjiu）：基于新疆新农村建设的背景/李季刚等著．—北京：中国金融出版社，2012.3
（国家社会科学/自然科学基金项目丛书）
ISBN 978-7-5049-6247-8

Ⅰ.①农… Ⅱ.①李… Ⅲ.①农村金融—资源配置—研究—新疆 Ⅳ.①F832.745

中国版本图书馆CIP数据核字（2012）第013855号

出版发行	中国金融出版社
社址	北京市丰台区益泽路2号
市场开发部	（010）63266347，63805472，63439533（传真）
网上书店	http://www.chinafph.com
	（010）63286832，63365686（传真）
读者服务部	（010）66070833，62568380
邮编	100071
经销	新华书店
印刷	保利达印务有限公司
装订	平阳装订厂
尺寸	169毫米×239毫米
印张	8.75
字数	165千
版次	2012年3月第1版
印次	2012年3月第1次印刷
定价	22.00元

ISBN 978-7-5049-6247-8/F.5807
如出现印装错误本社负责调换　联系电话（010）63263947

国家社会科学基金青年项目

项目批准号：06CJL008

教育部新世纪优秀人才支持计划

项目批准号：NCET–10–0968

前　言

在社会经济转型发展时期，金融资源配置是制约农村经济有效发展的关键问题。在市场经济条件下，随着金融效率的提高，金融资源配置的合理化与优化对农村微观经济主体的支持与推动作用日趋明显，并在一定程度上决定着农村经济发展的速度和效率。但在传统农业特征仍较明显的中国民族地区农村，农村微观经济主体融资困难、金融支持不足等问题仍然存在，使得该地区金融资源配置效率出现弱化的现象。因此，完善金融资源配置机制，对于促进民族地区农村经济增长，建设社会主义新农村具有重要意义。

本书以经济欠发达的民族地区——新疆为例，从金融资源论出发，运用农村金融理论、制度变迁理论、统筹城乡发展理论，结合社会主义新农村建设的背景，借鉴国内外专家学者的研究成果，采用实证与规范分析相结合、定性与定量分析相结合等方法，详细分析了新疆农村金融资源配置现状、效率与存在的问题，并提出农村金融资源配置体系再造的观点。

本书内容分为三部分。

第一部分包括第1章、第2章、第3章。本部分首先对现代金融理论与农村金融理论进行了简要评述；其次阐明了"农村金融资源"的内涵，并对其与农村经济发展间的关联性进行理论分析；最后对农村金融资源配置的实践进行国际比较，并得出几点借鉴。

第二部分包括第4章、第5章、第6章。本部分首先对自新疆农村转型发展以来典型金融资源的构成与变动进行详细分析；其次对新疆农村金融资源对农村经济发展的贡献进行了多层次的实证分析，指出金融（特别是国家金融）资源配置效率弱化的现象；最后指出新疆农村金融资源配置效率弱化的表现与原因。

第三部分包括第7章、第8章、第9章。本部分在问卷调查的基础上，详细分析农户的金融需求特征，同时对其他微观经济主体的金融需求特征进行概括性描述；在此基础上，提出新疆农村金融资源配置体系再造的机理、原则、路径依赖、框架与主要措施；最后概括总结出健全的农村金融资源配置对民族地区社会主义新农村建设的意义。

本书得出的结论是，民族地区（以新疆为例）农村金融资源配置应是在坚持市场导向原则下的、政府主导型的强制性制度变迁。农村金融资源配置体系应是多层次、多元化、全方位的。应根据农村微观经济主体金融需求的特征，实施

"供给领先型"的金融资源配置战略,通过金融供给多元化,满足农村多层次的金融需求,从而在完善金融资源配置体系的同时提高配置效率。

作者
2012年1月

目　　录

1 现代金融发展理论与农村金融理论评述 ·· 1
  1.1 现代金融发展理论 ··· 1
    1.1.1 金融结构论 ··· 1
    1.1.2 金融深化论 ··· 2
    1.1.3 内生金融增长理论（实证金融发展理论）····························· 3
    1.1.4 金融约束论 ··· 3
    1.1.5 金融资源论 ··· 4
  1.2 农村金融理论 ·· 5
    1.2.1 农业信贷补贴论 ··· 5
    1.2.2 农村金融市场论 ··· 6
    1.2.3 不完全竞争市场理论 ·· 7
    1.2.4 局部知识论 ··· 9

2 金融资源配置与农村经济发展的关联性分析 ····································· 10
  2.1 金融资源及其配置 ·· 10
    2.1.1 金融资源的内涵 ··· 10
    2.1.2 金融资源配置及其效率 ··· 11
    2.1.3 金融资源有效配置的主要途径 ······································· 12
  2.2 金融资源配置与农村经济发展 ·· 13
  2.3 金融资源配置与农村经济发展关系的模型分析 ··························· 15

3 农村金融资源配置的国际比较与借鉴 ·· 17
  3.1 国外农村金融资源配置比较 ·· 17
    3.1.1 财政支持 ·· 17
    3.1.2 农业政策性金融支持 ··· 19
    3.1.3 农村合作金融支持 ·· 22

3.1.4　商业性农业金融支持 ………………………………… 23
　　3.1.5　农业保险支持 ………………………………………… 24
　　3.1.6　农业利用外资 ………………………………………… 26
　3.2　几点经验 ……………………………………………………… 27
　3.3　借鉴与启示 …………………………………………………… 28

4　新疆农村金融资源构成与变动典型分析 ……………………… 30
　4.1　财政农业支出分析 …………………………………………… 30
　4.2　农村金融机构体系分析 ……………………………………… 32
　　4.2.1　农业银行 ………………………………………………… 32
　　4.2.2　农业发展银行 …………………………………………… 33
　　4.2.3　农村信用合作社 ………………………………………… 34
　　4.2.4　邮政储蓄 ………………………………………………… 36
　　4.2.5　村镇银行 ………………………………………………… 37
　　4.2.6　农业保险 ………………………………………………… 38
　4.3　农村金融资产分析 …………………………………………… 40
　　4.3.1　农村金融资产总量与结构分析 ………………………… 40
　　4.3.2　农村金融发展偏向分析 ………………………………… 42
　4.4　农村金融发展与深化分析 …………………………………… 43

5　新疆农村金融资源对农村经济贡献实证分析 ………………… 46
　5.1　各类农村金融资源的贡献差异分析 ………………………… 46
　　5.1.1　数据和变量选取 ………………………………………… 46
　　5.1.2　单位根检验 ……………………………………………… 47
　　5.1.3　对农村经济贡献实证结果分析 ………………………… 47
　5.2　国有银行与农村信用社农村金融资源的贡献差异分析 …… 59
　5.3　对实证研究结果的简要评述 ………………………………… 61

6　新疆农村金融资源配置效率弱化分析 ………………………… 64
　6.1　效率弱化表现之一：农村金融资源比重下降 ……………… 64
　6.2　效率弱化表现之二：农村金融资源逆向流失 ……………… 66
　　6.2.1　农村金融资源的经营性流失 …………………………… 69

6.2.2 农村金融资源的制度性流失 …………………………………… 69
  6.2.3 农村金融资源的漏损性流失 …………………………………… 73
 6.3 效率弱化表现之三：农村金融资源供给不足 ………………………… 74
 6.4 新疆农村金融资源配置效率弱化的原因 ……………………………… 75

7 新疆农村微观经济主体金融需求分析 ……………………………………… 78
 7.1 农户金融需求 ……………………………………………………………… 78
  7.1.1 样本农户经济特征分析 …………………………………………… 79
  7.1.2 农户金融需求分析 ………………………………………………… 82
  7.1.3 小结 ………………………………………………………………… 87
 7.2 农村经济合作组织金融需求 ……………………………………………… 87
  7.2.1 农村经济合作组织现状 …………………………………………… 87
  7.2.2 农村经济合作组织的金融需求分析 ……………………………… 88
  7.2.3 小结 ………………………………………………………………… 90
 7.3 乡镇企业金融需求 ………………………………………………………… 91
  7.3.1 乡镇企业及其发展概况 …………………………………………… 91
  7.3.2 乡镇企业金融需求现状分析 ……………………………………… 92
  7.3.3 小结 ………………………………………………………………… 95
 7.4 新疆农村金融需求变化的新趋势 ………………………………………… 95

8 新疆农村金融资源配置体系再造 …………………………………………… 98
 8.1 金融资源配置体系支持农村经济的机理 ………………………………… 98
 8.2 金融资源配置体系再造的基本原则 ……………………………………… 99
 8.3 金融资源配置制度变迁的路径依赖与模式 ……………………………… 101
 8.4 金融资源配置体系再造的框架 …………………………………………… 104
 8.5 金融资源配置体系再造的主要措施 ……………………………………… 106
  8.5.1 重塑竞争与合作的农村金融体系 ………………………………… 107
  8.5.2 建立明晰且多元化的金融产权制度 ……………………………… 110
  8.5.3 完善农村金融市场竞争机制 ……………………………………… 111
  8.5.4 构建农村资金导入回流机制 ……………………………………… 111
  8.5.5 完善金融风险分散与补偿机制 …………………………………… 112
  8.5.6 培育和发展农村资本市场 ………………………………………… 114

  8.5.7 创新金融服务模式和手段 …………………………… 115
  8.5.8 全面优化农村金融生态环境 ………………………… 115

9 健全的农村金融资源配置体系对民族地区社会主义新农村建设的意义 … 119

参考文献 ……………………………………………………………… 122

后记 …………………………………………………………………… 129

1 现代金融发展理论与农村金融理论评述

金融作为经济发展中重要的资本要素配置渠道，其作用日益显著。金融发展滞后已成为阻碍许多国家，尤其是发展中国家经济发展的深层次原因。学术界对此进行深入研究，已形成一些深具影响力的金融理论。在现代金融发展理论体系中，也派生出了农村金融理论体系。

1.1 现代金融发展理论

现代金融发展理论主要研究金融发展与经济发展的因果关系，论述金融体系在经济发展中所发挥的作用，说明各种金融变量的变化及金融制度变革对经济发展的长期影响，并研究如何建立有效的金融机构体系和金融政策组合来最大限度地促进经济增长。

1.1.1 金融结构论

戈德史密斯在《金融结构与经济发展》（1969）中首创金融结构对经济增长影响的理论分析，揭示金融结构在不同国家金融发展的不同阶段上的差异，通过对35个国家近100年的资料研究和统计分析，探讨金融发展与经济增长的相互关系，由此建立了金融结构论，也开创了实证研究的先河。

该理论将各国的金融现象归纳为金融工具、金融机构、金融结构。金融结构就是一国的金融工具与金融机构的相对规模，金融理论的职责在于找出决定金融结构、金融工具存量和金融交易流量的主要经济因素，进而阐明这些因素如何相互作用以促进金融发展。分析得出发达的金融结构对经济增长的促进作用是通过提高储蓄、投资总水平和有效配置资金来实现的，经济增长与金融是同步进行的，经济快速增长的时期一般都伴随着金融发展的超常水平。主要贡献是为金融发展理论确立了研究框架和一套指标体系，提供了研究分析工具，确立了衡量一国金融结构和金融发展水平的基本指标FIR和其他若干重要的指标，揭示了金融结构变迁的内在规律，得出了FIR值与经济发展水平正相关的基本结论。

其局限性主要表现在：（1）忽视金融结构的复杂性与多层次性，将金融机构与金融工具或金融资产相对规模这一特殊结构当做金融结构的一般结构，而忽视了金融结构的其他表现。(2) 仅从金融内部结构入手来架构一个理想化的金融体系,难以达到为经济体服务的最终目的。(3) 只证明了金融与经济增长之间存在着大致平行的相关关系,并不能确定因果关系的方向。(4) 只注重金融结构量的研究,而忽视了质的拓展,因而在分析其对经济增长影响时显得乏力。

1.1.2 金融深化论

1973年,《经济发展中的货币与资本》(麦金农) 和《经济发展中的金融深化》(肖) 的发表,将戈德史密斯的金融发展理念创造性地运用于对发展中国家经济发展问题的研究之中,以发展中国家为样本,集中研究货币金融与经济发展的内在联系,建立了分析金融发展在经济增长中的作用的理论框架,较系统地提出了"金融深化"理论,首次指出发展中国家经济落后的症结在于金融抑制,阐述金融结构包括资本配置结构低效的现象,分析了如何在发展中国家建立以金融促进经济发展的金融体制,即实现金融深化。

麦金农和肖分别在金融抑制论、金融深化论的具体分析过程中,将货币与非货币资产统一,银行与非银行金融机构统一,形成广义的货币金融概念;全面论证了金融与经济发展的辩证关系,指出金融制度的落后会阻碍经济的发展,经济的停滞反过来又将制约金融制度的发展。他们认为,要解除金融抑制,就必须进行金融深化,减少政府对金融的过多干预,利用市场调动人们储蓄与投资的积极性,促进金融和经济发展之间的良性循环。

金融深化理论可以理解为,在政府有效的宏观管理下的金融自由化。具体的政策建议包括:放开利率,使利率机制能更有效地动员和分配储蓄;减少政府对金融的控制,革除政府对贷款的直接管理和导向,消除信贷配给;鼓励银行竞争,降低金融机构的准入障碍,允许金融机构引进新的工具和服务;放宽外汇管制,允许汇率适度浮动;实现政府预算平衡,维持宏观经济稳定,改善资本配置等。总之,这些政策的中心含义是要减少政府干预,消除金融抑制,推进金融深化,促进经济增长。

但金融深化理论自身也存在局限性,主要有:(1) 该理论构建了金融深化和经济增长关系的分析框架,在对金融发展理论的原创性贡献中,侧重于理论模型。模型中主要集中于货币层次,缺乏动态研究,限制了对金融与经济增长之间复杂关系的深入分析。(2) 研究方法采用一般均衡理论方法,假设"制度"可以脱离一国特定的社会背景而平移或简单输入,其基本前提是市场的完全竞争,并且存在完全信息。(3) 没有充分展开对发展中国家金融深化的过程和阶段的研究,忽略了发展中国家推进金融深化的制度因素及经济结构的严重失衡,未强调宏观经济稳定是金融深化的前提条件,过分强调市场机制作用。(4) 过分强调了自力更生,而轻视引进外资的重要性,对金融深化过程中的金融风险缺乏足够的认识。

之后，许多经济学家对此理论进行了扩展，如西班牙经济学家加尔比斯和美国经济学家金德尔伯格、弗莱等相继提出了一些逻辑严密、论证规范的金融抑制模型，旨在把麦金农和肖提出的一些比较粗糙的观点具体化和规范化，并研究了从金融抑制到金融自由化过程中的动态规律，刻画出了其中的一些动态特征。这一理论由于强调市场机制作用，对指导市场经济国家的农村金融发展起着积极的作用，在市场经济国家中至今依然占主流地位。

1.1.3　内生金融增长理论（实证金融发展理论）

自20世纪80年代中期以来，罗默、卢卡斯等经济学家在吸取前人经济增长思想的基础上，通过对新古典增长理论进行重新思考建立了内生增长理论，认为经济增长是经济体系内生因素作用的结果，着重探讨了金融和资本等要素发展对经济增长的作用。

20世纪90年代，以金（King）和莱文（Levine）为代表的学者开创性地打破了既有金融发展理论以发展中国家为研究对象的传统，转而寻求建立一种包括发展中国家和发达国家在内的一般金融发展理论；在吸取内生增长理论最新成果的基础上，把内生增长理论并入金融发展模型中，直接对金融中介和金融市场建模，以此解释它们是如何在经济发展过程中内生形成的，阐释金融发展对经济增长的作用关系及其内在传导机制，强调金融系统的功能。该理论对金融发展与经济增长的分析摒弃了经验式的主观判断，认为资金融通过程中的不确定性和信息不对称等因素产生交易成本，为了降低交易成本，经济发展到一定程度就会内生地要求金融体系的形成和发展，金融市场的作用正在于降低由市场不完全而产生的交易成本和信息不对称。

该理论是对传统金融发展理论和内生增长理论融合和发展创新，特别是引入了不确定性、信息不对称、交易成本等非完全竞争因素，更能解释实践问题，在衡量金融功能在经济增长中的贡献方面取得了突破性的进展。但是该理论目前还主要集中在理论探讨和以实证检验理论的阶段，对于发展中国家金融发展的政策措施的研究比较零散。此外，该理论坚持了金融发展研究的机构观，从既有的机构出发来研究金融功能，导出其产生、发展和作用于经济的机制，依然具有一定的局限性。

1.1.4　金融约束论

20世纪90年代中后期，赫尔曼、斯蒂格利茨等人基于内生经济理论的最新成果提出了金融约束论。该理论认为：金融深化论竭力倡导的金融自由化战略需要很严格的条件（其理论假定前提为瓦尔拉均衡的市场条件），这在现实中难以成立，发展中国家和转型国家通常不具备金融自由化所需的先决条件，而金融约束是一种可行的选择；各国（特别是欠发达国家）政府的当务之急是优先发展金融，不能让金融的发展滞后于经济增长，因此提出了金融约束有助于经济发展稳定的观点。

金融约束的本质是政府通过一系列的金融政策在民间部门创造租金机会，激励金融部门和生产部门产生长期经营的动力并通过租金效应推动经济增长。该理论认为发展中经济和转型经济通常不具备金融自由化所需的先决条件，金融自由化道路对它们而言是不现实的，因此可以先推行金融约束政策，由政府对经济进行干预，并通过一系列经济政策（如产业政策）驾驭市场，以此来促进经济发展。适当的金融约束，其结果可能既优于自由市场的结果，也优于贷款严格控制的结果。由此可见，金融约束论更强调政府干预的重要性，认为选择性的政府干预有助于金融的稳定发展，金融约束是达到金融深化的手段。

总体上看，该理论所提出政策的现实意义很有限，还不是一个成熟的理论。金融约束政策仅仅是市场的补充而不能取代市场，其只是特定时期的特殊政策，最终还是要由市场来解决问题，经济发展需要与一个开放的高度流动性的金融市场相匹配。①

1.1.5 金融资源论

20 世纪 90 年代末，在经济金融全球化的背景下，特别是在亚洲金融危机后，很多经济学家开始改变纯技术的、内生于经济体的研究视角，转而探讨经济发展中的金融适度和金融效率。白钦先（1994）认识到金融发展的现实效应与主流理论的相悖，把"可持续发展"观念引入金融学研究，拓宽了金融学的研究领域，也确立了金融学研究的最终目标。他首次提出以金融资源论为核心和基础的金融可持续发展理论，也是一种全新的金融效率观，其研究对象是金融资源配置。该理论注重理论实证和经验实证的有机结合，强调金融学继续存在和发展的前提是货币非中性基础上的金融非中性，重点强调金融学的社会科学属性，完成了从货币分析到金融分析的方法变革。

金融资源论首先揭示了金融的资源属性，即金融资源是区别于自然资源的，具有战略性、脆弱性、中介性、社会性和层次性的特殊资源；提出金融资源是相对稀缺的，将金融资源划分为基础、中间与高层三个层次；社会、经济、金融是一个复杂的复合型系统，需要协调运行。其核心是金融效率，强调金融效率是质和量的统一，评价标准是金融发展与经济发展的适应程度。该理论认为，金融发展的关键在于金融质的提高，能够合理地开发、利用和配置金融资源，同时注重

---

① 史福厚. 20 世纪 90 年代以来西方金融发展理论评析 [J]. 时代经贸，2006（9）：66 - 69.

作为资源配置手段和机制的金融整体功能和效率的改善。

金融效率是金融发展理论的关键,上述有代表性的金融发展理论蕴涵着不同的金融效率观。金融结构论与金融深化论未能有效地将金融效率列入其研究的视野,金融深化论完全竞争的假设条件远离发展中国家现实,使金融效率观有失偏颇,其政策建议——金融自由化也与经济发展无法协调,因此是不完全的金融发展理论。实证金融发展理论及金融约束论也未揭示出金融的资源属性,但与金融深化论相比,考察了金融深化论假定不变的"外部条件",理论模型与政策主张更为成熟,蕴涵的金融效率观更进一步,其主要缺陷是忽视了对金融脆弱性和金融效率的全面研究。金融资源论通过全面系统揭示金融的资源属性,恢复了金融复杂系统的本来面目,赋予了全新的金融效率观,倡导了从货币分析到金融分析、从孤立分析到关联分析的研究方法,是对传统金融效率视角的根本转换。[①]

目前,金融资源学说及以此为基础的金融可持续发展理论已具备比较系统的理论构架,即以金融资源学说为出发点,引申出金融倾斜论、金融功能观、金融效率论、金融生态论等并列发展又相互融合且层层递进的理论体系,并初步形成新的发展金融学的理论与学科框架,为后继者们留下明确的研究方向与充分的创新空间,将为转轨时期的中国金融改革与经济发展提供一个能充分适应本土环境的理论指导,并对其他发展中国家的金融发展起到积极的借鉴作用。[②]

1.2 农村金融理论

农村金融作为整体金融发展的一个重要组成部分,不可避免地要受到金融发展理论及其政策主张的影响。农村金融理论是在现代金融发展理论的基础上衍生发展起来的,具体论述了发展中国家农村地区的金融发展与农业、非农产业的发展以及农村居民的收入增长、消除贫困等方面的关系,是金融发展理论在发展中国家农村地区的具体运用。传统上具有代表性的农村金融理论大致经历了农业信贷补贴论、农村金融市场论和不完全竞争市场论三个阶段的发展历程。此外,典型的还有传统农村金融理论派生的局部知识论。

1.2.1 农业信贷补贴论

20世纪80年代以前,农业信贷补贴论是处于主导地位的农村金融理论。该理论支持信贷供给先行的农村金融战略。该理论的前提是:农村居民特别是贫困

---

① 沈军. 新金融发展理论的构建与中国效率型金融变革[J]. 财经科学,2006(7):13-21.
② 陈晓枫,叶李伟. 金融发展理论的变迁与创新[J]. 福建师范大学学报(哲社版),2007(3):52-56.

阶层没有储蓄能力，农村面临的是慢性资金不足问题，而且由于农业的产业特性（收入的不确定性、投资的长期性、低收益性等），它也不可能成为以利润为目标的商业银行的融资对象。该理论因此得出结论：为增加农业生产和缓解农村贫困，有必要从农村外部注入政策性资金并建立非营利性的专门金融机构来进行资金分配。根据该理论，为缩小农业与其他产业之间的结构性收入差距，对农业的融资利率必须低于其他产业。考虑到地主和商人发放的高利贷及一般以高利率为特征的非正规金融使得农户更加穷困和阻碍了农业生产的发展，为促使其消亡，应通过银行的农村支行和农业信用合作组织，将大量低息的政策性资金注入农村。同时，以贫困阶层为目标的专项贷款也兴盛一时（张元红、马忠富等，2002）。①

农业信贷补贴论存在固有的缺陷，主要表现在：（1）如果农民存在可以持续得到廉价资金的预期，那么农民就缺乏储蓄的激励，这使得信贷机构无法动员农村储蓄以建立自己的资金来源，从而农业信贷成为纯粹的财政压力；（2）当低的利率上限使得农村贷款机构无法补偿由于贷款给小农户而造成的高交易成本时，那么官方信贷的分配就会偏向于照顾大农户（Avishay Braverman 和 Monika Huppi，1991），这使得低息贷款的主要受益人不是农村的穷人，低息贷款的补贴被集中并转移到使用大笔贷款的较富有的农民身上（沃格尔，2000）；（3）政府支持的、不具有多少经营责任的农村信贷机构缺少有效地监督其借款者投资和偿债行为的动力，这样会造成借款者故意拖欠贷款。

对消除贫困贡献最大的，可能既不是贷款也不是储蓄，而是建立一种可持续发展的金融机制（Gulli，1998）。农业信贷补贴政策会逐渐损害金融市场的可持续发展能力，导致信贷机构活力的衰退，这最终使得农业信贷补贴政策代价高昂，但收效甚微。实践表明，农业信贷补贴论下的专门农业贷款机构，从未发展成为净储户与净借款者之间真正的、有活力的金融中介。②

1.2.2 农村金融市场论

自20世纪80年代以来，农村金融市场论或农村金融系统论（Rural Financial Systems Paradigm）逐渐替代了农业信贷补贴论。农村金融市场论是在对农业信贷补贴论批判的基础上产生的，强调市场机制的作用，其主要理论前提与农业信贷补贴论完全相反：（1）农村居民以及贫困阶层有储蓄能力。对各类发展中国家的农村地区的研究表明，只要提供存款的机会，即使贫困地区的小农户也可以储蓄相当大数量的存款（Rutherford，1999；Adams，2002），故没有必要由外

---

① 姚耀军. 农村金融理论的演变及其在我国的实践 [J]. 金融教学与研究，2005（5）：2-4.
② 姚耀军. 农村金融理论的演变及其在我国的实践 [J]. 金融教学与研究，2005（5）：2-4.

部向农村注入资金。（2）低息政策妨碍人们向金融机构存款，抑制了金融发展。（3）运用资金的外部依存度过高，这是导致贷款回收率降低的重要因素。（4）由于农村资金拥有较多的机会成本，非正规金融的高利率是理所当然的。

该理论完全依赖市场机制，极力反对政策性金融对市场的扭曲，特别强调利率的市场化。该理论认为，利息补贴应对补贴信贷活动的一系列缺陷负责，而利率自由化可以使农村金融中介机构能够补偿其经营成本。这样就可以要求它们像金融实体那样运行，承担适当的利润限额；利率自由化也可以鼓励金融中介机构有效地动员农村储蓄，这将使它们更加不依赖于外部的资金来源，同时使它们有责任去管理自己的资金。

不过，农村金融市场论的功效或许并没有想象的那么大。例如，通过利率自由化能否使小农户充分地得到正式金融市场的贷款，仍然是一个问题。自由化的利率可能会减少对信贷的总需求，从而可以在一定程度上改善小农户获得资金的状况，但高成本和缺少担保品，可能仍会使它们不能借到所期望的那么多的资金，所以，仍然需要政府的介入以照顾小农户的利益。在一定的情况下，如果有适当的体制结构来管理信贷计划，对发展中国家农村金融市场的政府介入仍然是有道理的。①

1.2.3 不完全竞争市场理论

20世纪90年代后，人们认识到为培育有效率的金融市场，仍需要一些社会性的、非市场的要素去支持它。不完全竞争市场论就是其中之一，其基本框架是：发展中国家的金融市场不是一个完全竞争的市场，尤其是贷款一方（金融机构）对借款人的情况根本无法充分掌握（不完全信息），如果完全依靠市场机制就可能无法培育出一个社会所需要的金融市场。为了补救市场的失效部分，有必要采用诸如政府适当介入金融市场以及借款人的组织化等非市场要素（Stiglitz 和 Weiss，1981；Stiglitz，1989）。

不完全竞争市场理论又为政府介入农村金融市场提供了理论基础，但显然它不是农业信贷补贴论的翻版。不完全竞争市场理论认为，尽管农村金融市场可能存在的市场缺陷要求政府和提供贷款的机构介入其中，但必须认识到，任何形式的介入，如果要能够有效地克服由于市场缺陷所带来的问题，都必须具有完善的体制结构。因此，对发展中国家农村金融市场的非市场要素介入，首先应该关注改革和加强农村金融机构，排除阻碍农村金融市场有效运行的障碍。这包括消除获得政府优惠贷款方面的垄断局面，随着逐步取消补贴而使优惠贷款越来越集中面向小农户，以及放开利率后使农村金融机构可以完全补偿成本。尽管外部资金

---

① 姚耀军．农村金融理论的演变及其在我国的实践［J］．金融教学与研究，2005（5）：2-4.

对于改革金融机构并帮助其起步是必需的,但政府和提供贷款的单位所提供的资金首先应用于机构建设的目的,这包括培训管理人员、监督人员和贷款人员,以及建立完善的会计、审计和管理信息系统。

不完全竞争市场理论强调,借款人的组织化等非市场要素对解决农村金融问题是相当重要的。Ghatk(2000)、Laffont 和 N'Guessan(2000)等的研究表明,小组贷款能够提高信贷市场的效率;Ghatak(1999,2000)、Ghatak 和 Guinnane(1999)、Tsaael(1999)等的分析模型解释了,在小组贷款下,同样类型的借款者聚集到一起,有效地解决了逆向选择问题;Besley 和 Stepthen(1995)、Stiglitz(1990)的研究表明,尽管在正规金融的信贷中,银行由于无法完全控制借款者行为而面临道德风险问题,但是,在小组贷款下,同一个小组中的同伴相互监督却可以约束个人从事风险性大的项目,从而有助于解决道德风险问题。有关借款人组织化的文献相当丰富,章元等(2003)提供了一个出色的综述。

不完全竞争市场理论也为新模式的小额信贷提供了理论基础。新模式的小额信贷强调解决农村金融市场上的信息不对称和高交易成本问题,而旧模式的小额信贷强调通过便宜的资金帮助穷人。旧模式的小额信贷基本上是信贷补贴论的翻版,由于忽略机构的可持续性而难以为继。①

三种农村金融理论的主要特征与区别见表 1-1。

表 1-1 三种农村金融理论的主要特征与区别

	农业信贷补贴论	农村金融市场论	不完全竞争市场论
政府干预金融市场的必要性	必要	不必要	当市场机制失效时是必要的
利率管制的必要性	进行低利率管制	自由市场利率	放松管制
对金融机构管制的必要性	必要	不必要	应逐渐放松管制
提高资金回收率的方法	指导性贷款	利用市场机制强化资金的自我筹集	灵活运用贷款互助小组等金融或非金融手段
贷款资金的筹集	由农村外部注入	在农村内部筹集	主要为内部筹集,不足部分由政府提供
专项贷款是否有效	有效	无效	方法适当则有效
对非正规金融的评价	弊大于利	是有效的金融形式	政府应适当引导

---

① 姚耀军. 农村金融理论的演变及其在我国的实践 [J]. 金融教学与研究, 2005(5): 2-4.

1.2.4 局部知识论[①]

20世纪90年代末，哈耶克从知识论的角度提出了解决不完全竞争和信息不完全问题的金融局部知识分析范式。他认为，农村金融市场中，局部知识的大量存在说明了不完全信息或者信息不对称情况必然大量存在，但可以依靠市场机制和竞争机制来发现和利用分散知识得以缓解。金融市场上的机构多样性可以导致更多金融工具的创新，使得该市场逼近或者近似于完全竞争市场，金融组织机构之间的竞争对于农村金融效率及金融资源的优化配置至关重要。金融服务供给者应该贴近存在局部知识的具体的人和地方去提供金融服务，满足当地的金融服务需求，从中获取回报；应该充分利用分散在地方的局部知识，促进知识分工，尤其是借款人之间的知识分工。在局部知识论的分析范式框架之内，政府在农村金融市场中直接参与供给的作用应该是辅助性的，如提供授信环境，建立与维持市场秩序框架。德国弗莱堡学派代表人物欧肯早在1940年也从另外一个角度得出了与哈耶克"竞争作为发现过程"的理念一致的分析结论，认为信息不完全可以通过促进竞争，如促进机构多样性等得以缓解。市场机制本身就是一个发现和利用分散知识的良好机制，局部知识论出发点与不完全竞争市场论相近，但其结论却从理论和政策上支持了农村金融市场论。

综上所述，农业信贷补贴论对构建高效、完善的农村金融体系已不具备指导意义；农村金融市场理论强调市场机制作用，对指导市场经济国家的农村金融发展起着积极的作用，但农村金融领域不存在严格意义上的完全竞争市场，如果完全依靠市场机制，资源将难以有效配置，无法形成农村社会所需要的金融机构体系，所以需要政府介入等非市场措施；不完全竞争市场理论强调政府在金融市场中的作用，一定程度上对农村金融发展具有指导意义，但在具体操作中很难把握政府干预金融市场的力度，其政策主张也有失偏颇，这使得其可行性大打折扣；而局部知识论提出的金融机构多样性以及金融工具创新等主张在农村金融领域是极有借鉴意义的。

以上传统的农村金融理论根据各自的理论前提假设，分别就政府在干预农村金融市场、利率管制、对金融机构保护与管制的必要性，以及贷款资金的来源、提高资金回收率的方法、专项贷款的有效性和非正规金融等问题进行研究，并提出了各自不同的政策主张。由于国情差异，不同学者研究的背景及侧重点各异，这些理论研究方法和结论只能借鉴和参考。因此，基于已有理论研究基础，应探索和建立适合于我国农村经济发展所需的农村金融体制模式、组织体系、政府介入模式等理论体系，为提高农村金融资源优化配置效率提供理论指导。

---

① 曹协和. 农村金融理论研究进展及评述 [J]. 南方金融, 2007 (12): 26-33.

2 金融资源配置与农村经济发展的关联性分析

2.1 金融资源及其配置

2.1.1 金融资源的内涵

黄达（2001）在对金融的界定进行了比较全面的总结，对国内外"金融"一词所指的范围进行了比较后指出，没有必要强求一一对应，而应视具体环境采用不同的界定。[①] 但是不论如何界定，不论从何种角度分析，金融都是"一种稀缺资源，是一国最基本的战略性资源，离开金融的经济不再是现实的经济，离开经济的金融不再是现实的金融"（白钦先，1998）。众多实证研究已经表明，金融与经济具有较强的相关性，经济发展过程中，金融因素将占据越来越重要的位置，金融资源的开发与有效利用会显得越来越重要，金融资源成为决定一国（地区）经济增长的最重要的因素之一。白钦先教授在《金融可持续发展研究导论》（2001）中首先规范地提高了金融资源的概念。他把金融资源概括为三个紧密相关的资源层次："第一个层次是广义的货币资产（资金）；第二个层次是金融组织体系和金融资产（工具）体系；第三个层次是金融体系的整体性功能。第一层次和第二层次称为金融资源的硬件，第三层次称为金融资源的软件。"[②] 近年来，"金融资源"在学术研究中出现的频率不断提高，但如何对其进行科学的内涵规范，研究的人却很少。"也许不需要学究式的规范，只要大体认同就行了，则它的内容主要包括作为资金的货币和能够流通的证券，社会成员之间以及社会成员与政府之间接受信用也能够称做金融资源。"[③] 它们的共同特点是能够作为经济发展的要素，能够带来增值。

现实中，金融资源不但包括有形的货币及货币资本，还包括相应的体系与制

[①] 林广明，谭庆华. 金融资源论：对金融功能观与金融机构观的综合研究 [J]. 金融论坛，2004 (6)：3.
[②] 白钦先. 金融可持续发展研究导论 [M]. 北京：中国金融出版社，2001：346-347.
[③] 曾康霖. 试论我国金融资源的配置 [J]. 金融研究，2005 (4)：12.

度安排。具体来看，可分为三个层面的资源。

1. 基础性核心金融资源

货币资本是生产的第一推动力，且是持续推动力。因此，基础性核心金融资源指的是社会经济领域中的各类货币资本，既包括政府的也包括金融机构与民间的。

2. 实体性中间金融资源

这是金融资源的中间构成层次，主要包括金融组织体系和金融工具体系两大类。金融组织体系为货币资本的运动提供了必要的条件与环境；金融工具体系则为货币资本的运动提供了必要的载体与手段。

3. 整体性功能高层金融资源

金融资源的最高层次是货币资本的借贷、运动以及金融组织体系、金融工具体系与现实经济发展的相互作用和相互影响。它不仅发挥调剂社会货币资本的功能，而且还发挥资产避险功能、产业结构调整功能等。

综上所述，本书中金融资源的定义是指在特定地域内，与经济发展相关的货币与货币资本、金融机构与金融工具以及相关的金融政策与制度的总和。

2.1.2 金融资源配置及其效率

V. 帕累托（V. Pareto, 1905）指出："如某些分配的标准为既定，我们就可以根据这些标准去考察哪些状态将给集体的各个人带来最大可能的福利……我们把最大效用状态定义为：作出任何种微小的变动不可能使一切人的效用（除某些人的效用仍然不变外）全都增加或全都减少的状态。"不过，如果一种变化对某些人有利而对另一些人不利，这个帕累托最优判断标准就不适用了。对此，N. 卡尔多（N. Kaldor, 1939）和 J. R. 希克斯（J. R. Hicks, 1940）提出了进一步的验证：任何福利政策都不可能对每个人均产生利益而无损害，如果对某些人有利的情况足以补偿对另一些人不利的情况，则就是有效率的。在经济活动中，效率描述的是帕累托最优状态，即当某种投入资源配置的改变在不能使一部分社会阶层状况变坏时，也不能使另一部分社会阶层的状况变得更好的状态。效益比较的方式则是投入与产出上的比较，而效率的比较方式则是指投入资源配置状态的比较。

金融资源配置效率按其所描述的主体范围的大小可以分为宏观效率和微观效率，按其所描述的对象可以划分为有效运行的效率（内在效率）和有效定价的效率（外在效率）两种类型。[①] 这种分类是从"有效率市场假说"理论中得来的。内在效率是指金融中介机构以最小的成本使资金从储蓄者手中转移到

[①] 理查德·R. 韦斯特. 两类市场效率 [J]. 金融分析家, 1975 (11, 12)：30 – 34.

生产者手中，并收取公平服务费。也就是说，在有效运行的金融机构体系中，给定交易费用，投资者可以获取最便宜的服务。没有运行效率，定价效率（或配置效率）是很难达到的。如果存在对潜在投资者市场准入的限制、存在价格的刚性、存在不可靠的信息披露，那么这样的市场运行肯定是没有效率的。而这样的市场也必然导致金融资源配置效率的损失与弱化，从而影响经济的发展。[①]

从现代经济的国际实践可以发现，金融运行的核心集中于金融资源配置（Financial Resource Allocation）及其效率，配置决定了效率，效率产生于配置，并且，金融资源配置效率是与其经济发展水平、制度政策环境、社会文化背景等多方面因素相关的，具有一定的客观性和现实性。

如设 FRa 为金融资源配置，FEa 为金融资源配置效率，Fi、Fs 为金融资源配置的制度、体系，Eb、Sc 为经济基础、社会背景，则

$$FEa = FRa(Fi, Fs, Eb, Sc)$$

即金融资源配置效率不但取决于金融制度、体系的完备性，还取决于与相应经济基础、社会背景的适应性。不同的经济、社会环境应有不同的金融资源配置方式；同理，相同的金融资源配置方式在不同的地区，其效率自然也是存在差异的。

2.1.3 金融资源有效配置的主要途径[②]

金融资源有效配置的主要途径有以下几种。

1. 金融市场。这里所讲的金融市场主要是直接融资市场，是金融资源有效配置的重要途径，是因资金融通关系的形成而产生的，是资金融通双方直接交易的场所。金融市场在发挥配置金融资源、促进经济发展的积极作用的同时，也有其不利和消极的一面，这主要是反映在市场竞争机制的不确定性以及市场风险方面。

2. 货币政策工具。货币资源是金融资源中的基础性核心资源，因此，金融资源的有效配置，离不开货币政策工具的运用。以一般性货币政策工具对金融资源配置的作用为例：

（1）它们都属于量的控制，即主要通过对信用总量的调节，以控制社会货币供应总量，影响银行体系的准备金数量和资金成本，从而调控整个金融资源的有效配置及整个宏观经济。

---

① 麦勇．金融自由化进程中的中国区域金融比较研究 [M]．北京：中国经济出版社，2005：50–51．

② 王秀山．金融资源效率研究 [M]．北京：中国金融出版社，2002：26．

(2) 由于它们都是从量上进行调控，而不直接干预金融机构的经营行为和经营方式，这就从市场经济的发展方向上为金融机制的自主经营、自我发展创造了必要的条件，从而为金融资源有效配置途径的选择提供了现实的可能性。

(3) 货币政策工具的调控见效快，都能迅速地实现货币政策的要求。中央银行无论是将再贴现率或存款准备金率提高或降低，或是在公开市场上买进或卖出有价证券，都能在短时间内对社会市场货币的供应量产生巨大的影响，并进而使金融资源配置的不合理状态得到迅速改善。

3. 财政支出。严格地说，财政本身不是通常意义上的金融，而是金融的转化形式，有时也执行金融的功能，属于公共金融范畴。之所以把财政所支配的货币财政资源看做另类的金融资源，是因为财政计划是实现金融资源有效配置的又一重要途径。财政计划对这种特殊金融资源的配置主要是各级政府通过财政开支对重点项目进行投资和弥补赤字，其性质是无偿使用。在这里，金融资源的配置功能是通过财政计划得以实现的，这样，财政计划也就当然成为金融资源配置的一个途径。特别需要指出的是，作为我国金融体制改革重要内容之一的政策性银行，从表面上看，其业务必须体现政府的政策导向，不以营利为目的，因而具有财政的性质，然而按照现行制度，政策性银行可以从中央银行获得融资支持，与基础货币有直接的关联，这就有可能成为处理金融与财政相互关系的一个新焦点。

2.2 金融资源配置与农村经济发展

人们在研究经济与金融的关系时，常常以金融相关率（Financial Interrelations Ratio，FIR）和货币化率（M_2/GDP）表明经济货币化及金融深化的程度。金融相关率是美国经济学家雷蒙德·W. 戈德史密斯（Raymond W. Goldsmith，1969）提出的，戈德史密斯认为："金融理论的职责就在于找出决定一国金融结构、金融工具存量和金融交易流量的主要经济因素，并阐明这些因素怎样通过相互作用，从而形成金融发展。"[①] 他认为一个国家的金融发展状况要以金融结构去衡量，金融结构是一国的金融上层结构。一国的经济基础体现在拥有的国家财富中，金融上层结构与经济基础的关系体现在金融相关率上。

帕特里克（Hugh Patrick，1966）在研究欠发达国家（地区）农村经济与金融时曾提出两种模式：一是"需求追随"（Demand-following）模式，即随着经

---

① 戈德史密斯. 金融结构与金融发展 [M]. 上海：上海三联书店，1990：4.

济的增长，经济主体会产生对金融服务的需求，金融体系会随着需求的变化不断调整和发展；二是"供给先导"（Supply-leading）模式，即金融服务的供给先于需求，该模式强调的是金融服务的供给方对于经济的促进作用。这两种模式与经济发展的不同阶段相适应，在经济欠发达的地区（如新疆县域），应选择"供给领先"模式优化这些地区的金融资源配置。对此，有很多学者进行了实证研究，贝克等（Beck, Thorsten, Levine, Ross, 2002）和罗曼等（Norman, Loayza, Romain, Ranciere, 2002）在他们的研究中表明金融深化对经济增长有着明显的正向影响；孟猛（2003）利用格兰杰关系函数式（Granger Causality），对我国金融深化和经济增长间的因果关系作出实证分析，得出金融深化程度的提高将对经济的发展起到促进作用的结论。

总之，农村市场化和社会化程度的提高，客观上需要农村金融的组织创新与资源的优化配置。从实践上看，农村经济发展所需要的资金主要来源于国家财政资金、商业性金融机构农业贷款、政策性金融农业投入、合作性金融机构农业贷款及企业、农户自我积累。因此，要立足于长远的、可持续的农村经济发展，优化农村金融资源配置应成为我国农村金融改革与金融深化的核心。

从理论上讲，为了推动农村经济的发展，涉及"三农"的各个环节应逐渐成为金融资源配置的重点领域，然而实际上，由于"三农"的天然弱质性导致其在金融资源配置的博弈选择中处于弱势地位，农村经济发展面临显著金融制约。在民族地区（如新疆），农村经济的发展直接决定当地的经济发展与城乡居民收入增长，合理配置农村金融资源，形成有效的资本支持，是促进农村经济发展的必要条件。

从广义上看，农村金融资源就是与农村发展相关联的全部金融资源，涉及农村与农村外部、农业与非农业领域。从狭义上看，农村金融资源主要指与金融机构相关的货币、组织与制度。

本书中关于农村金融资源的内涵主要是基于狭义的概念，因此，农村金融资源配置就是指在制度完善与创新的基础上实现金融资源的供给，最大限度地满足农村经济发展过程中微观经济主体对金融资源的需求，建立有效的金融支持体系（见图2-1），从而实现农村经济的可持续发展。

2 金融资源配置与农村经济发展的关联性分析

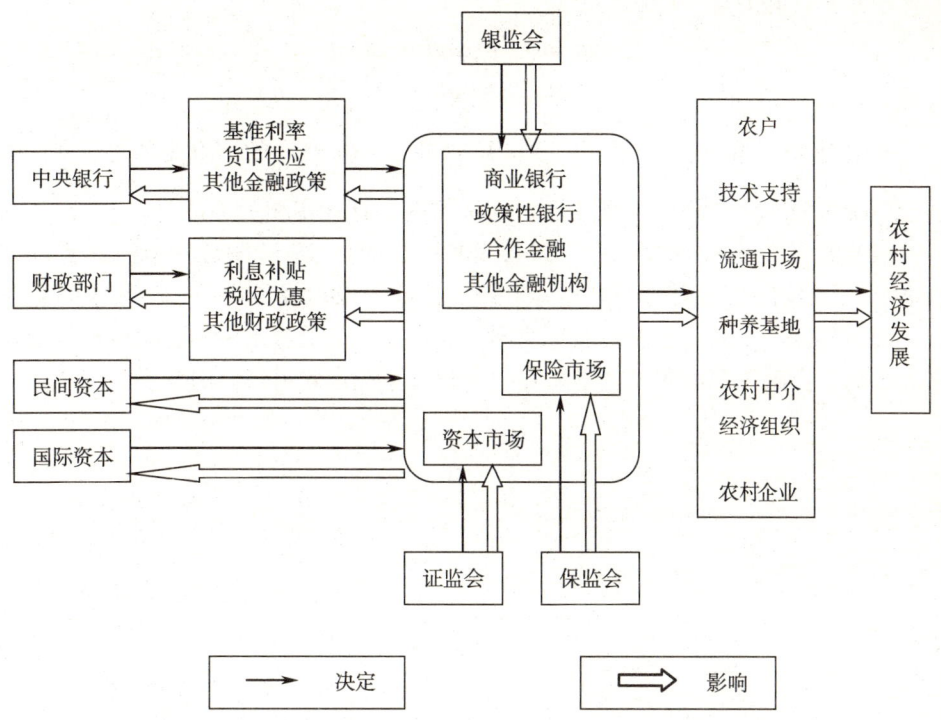

图 2-1 农村经济发展的金融资源配置体系及运行机制

2.3 金融资源配置与农村经济发展关系的模型分析

资金、技术、劳动力、土地等是农村经济发展中重要的投入要素。在新疆农村这一特定的区域内,受自然条件与生态环境的制约,土地的供给基本不变,如考虑到退耕还林(草)的因素,耕地面积还会下降;受经济发展水平与三产结构的制约,农村剩余劳动力较多,劳动力的供给可以认为是无限的;至于技术,在短期内也可以认为不会发生较大的变化,所以,制约农村经济发展进程的主要是资金投入。

依据柯布—道格拉斯生产函数可以建立如下模型:

$$\max Q_a = AL^\alpha m^\beta$$
$$s.t. \quad C = \omega L + pm$$

其中,Q_a 为农村产出量,C 为投入量的约束条件,m 为金融资本量,L 为劳动力量,p 为金融资本价格。由于农村的各类生产经营活动多以劳动密集型产业为主,又由于劳动力供给过剩,所以假定劳动力价格为常数 ω,$0 < \alpha, \beta < 1$,A 为常数。

对生产函数变形，两端取对数：
$$\max \ln Q_a = \alpha \ln L + \beta \ln m$$
$$\text{s.t.} \quad C = \omega L + pm$$

对 m 求一阶偏导：$\dfrac{\partial Q_a}{\partial m} = \beta \dfrac{Q_a}{m}$。可以看出，$Q_a$ 对 m 的一阶偏导大于零，由此说明金融资本对农村产出量（农村经济发展）存在正相关关系。

冉光和（1995）、杜晓山（1994，2003）、何广文（2001，2005）、罗剑朝（2003）等国内农村金融领域的专家在研究农业与农村发展中的金融需求时曾指出，农村经济决定农村金融发展，而同时农村金融又反过来制约着农村经济的发展。因此，金融资源配置的效率将在一定程度上决定农村经济的发展。

3 农村金融资源配置的国际比较与借鉴

3.1 国外农村金融资源配置比较

由于农业发展水平、经济制度、财政金融政策的差异,不同国家推动农村经济发展的过程存在一定的差别。但总体来看,其共性是,在推动本国农村经济发展时,都是依靠各级财政、农村金融信贷、政策性金融、农业与农村保障机构的支持来增加农村与农业的资金投入,从而不断推动农村经济的发展。[①] 以法国为例,法国农村经济的发展是由"一个核心,三个支柱"组成的。一个核心即农村经济的发展,必须是农民自觉自愿、互助合作的产物,而且这一原则贯穿于农民的各种经济活动和组织形成之中;三个支柱即农业合作社、农业信贷银行(合作银行性质)、农业保险及社会保障。

3.1.1 财政支持

从国外的农村经济发展来看,政府财政的支持表现出以下几个特点:一是财政支持在不同时期的政策是不同的;二是财政支持选择日趋公益化,如农业基础设施建设、技术推广、农产品市场体系、农业生态环境等;三是财政支持导向功能日益增强,起到一定的示范与带动作用;四是财政支持主要是采取补贴与税收优惠等措施。本部分主要以 20 世纪 90 年代以来美国[②]、法国、西班牙[③]、日本[④]等发达国家的实践为例,考察农村与农业发展中的财政支持。

1. 财政贴息政策。财政贴息政策与农业信贷政策紧密结合,是法国农业财政政策的一个重要内容,至今已有 100 多年的历史。从 1990 年起,法国开始采取贴息贷款利率投标制度,有效地降低了银行贷款的利率,通常低于市场利率。

[①] 彭志坚. 中国金融前沿问题研究 (2003) [M]. 北京:中国金融出版社,2003:224-225.

[②] 方伶俐,王雅鹏. 中外农业补贴政策的比较分析及启示 [J]. 华中农业大学学报(社会科学版),2005 (2):7-10.

[③] 财政部农业财政政策考察团. 法国、西班牙农业财政政策及农业产业化考察报告 [J]. 农村财政与财务,1997 (1):43-44.

[④] 周建华,贺正楚. 日本农业补贴政策的调整及启示 [J]. 农村经济,2005 (10):124-125.

1996年，国家农业贴息贷款总额达到131.88亿法郎，定标利率为7.5%，财政贴息3%，农民支付的利率为4.5%。贷款的使用期限很长，最长可达15~18年，每个农户的贷款最高限额可达10~125万法郎。与欧洲国家不同，日本的农业贷款利息补贴一般不直接支付给农户，而是当农户按金融机构获得低息贷款时，对这些金融机构进行补贴。目前，日本政府的农业低息贷款补贴项目主要有农业改良资金、农业现代化资金、农林公库资金三种。其中，仅农业现代化资金一项，中央财政在1990年度即向农协金融机构支付了149.5亿日元的补贴，而农户则由此从农协金融机构得到了11 010亿日元的低息贷款。

2. 税收优惠政策。国外在实施农村经济支持战略中，对农村企业、农民、农村合作组织等微观经济主体给予了较优惠的税收政策。以西班牙为例，其政策主要包括：对年产值5 000万比塞塔（约40万美元）以下的农民，只按其产值的60%征收个人所得税，自1995年起，又允许从事农业生产的农民前5年每年扣除25%的产值不交税；对农业合作社和农产品加工企业按20%的比例征收公司所得税（一般企业为35%），家庭农场不交公司所得税；农民作为生产者不交增值税，且可按出售的农产品价款多收4%，用于补助农资支出，同时，种子、化肥等农资的增值税税率仅为6%，远远低于一般16%的水平。

3. 农业投资政策。政府的农业投资政策是法国农业财政政策的一个重要组成部分。法国的农业投资政策主要用于国土整治资助，帮助农民进行基本建设。1995年财政用于农场基建的投资达50亿法郎。西班牙政府的农业投资政策，表现为政府投资引导农民投资，政府投资一部分，农民投资一部分。所有需要政府投资的农业、农产品加工业、畜牧业都要制订一个投资计划，审批后，政府给予一定的投资，一般为总投资的25%~40%，其中对短缺性农产品加工业的投资最高可达75%。在日本，大型农田水利设施由中央政府直接投资兴建，一般农田水利基本建设项目经过审批程序并达到一定标准后，中央财政从农业预算中补贴其全部费用的50%左右，都道府县和市町村财政分别还要补贴25%和15%，由农户自身负担很小的一部分，通常还可以从有关金融机构得到低息优惠贷款。

4. 农业补贴政策。农业补贴可以分为间接补贴和直接补贴，间接补贴主要通过降低生产成本或提高销售价格来增加农民的收入，其作用机制具有间接性；直接补贴则是不经过市场等中间环节，政府根据事先确定的基期产出水平或其他条件，由财政对个体农民进行直接转移支付。从补贴力度来看，欧美发达国家农民年收入中近一半来自政府的各种补贴（左宁，2005），当前，日本农户收入的60%（周建华、贺正楚，2005）源于政府农业补贴。以法国为例，政府的财政补贴，以前主要用于农产品出口补贴，现在绝大部分用于农民的直接补贴，1995年用于这方面的财政补贴额达560亿法郎。为了稳定产量，保证供应，还有对休耕等控制产量等方面的补贴。美国的农业补贴政策开始于20世纪30年代，主要用于补偿农民的市场损失和农作物歉收损失，2000年政府的农业补贴高达280亿美元。日本为了鼓励农民增加农业投入，尤其是农业生产资料和农用设施投入，采取了配套补贴制度，补贴额一般可占到全部费用的50%左右。此外，农民联合进行农业生产的生产资料投入也可得到政府的补贴。

3.1.2 农业政策性金融支持

3.1.2.1 关于农业政策性金融

传统农业的生产集自然风险与市场风险于一体，与其他产业相比，其受到的自然条件的制约更多，各种灾害性因素将影响农业的生产与效益，使得生产中的不确定性增加。与此同时，产量变化等因素又会影响农产品的供求，产生价格波动，形成"歉产歉收"或"增产不增收"的市场风险。农业作为国民经济的基础产业，因其天然的弱质性，其生产经营项目往往难以得到商业性金融机构的支持。从国际经验来看，不论是发达国家还是发展中国家，成立专门农业政策性金融机构以加强对农业的投入，解决资金支持问题，成为许多国家促进农业、农村经济增长的重要因素。从实践上看，各国对农业政策性金融的运用范围、组织体系、政策职能等均有所不同，但通常来看，农业政策性金融的组织体系为农业政策银行或农业发展银行及农业、农户、农村中小企业支持机构。

所谓"政策性金融"，学术界并未有一个确切的内涵界定，类似的叫法还有"政策金融"、"政府金融"、"制度金融"等。日文多被称为"公的金融"，与"民间金融"相对；英文多为 Policy – based Finance 或 Policy – based Directed Credit，是对"市场失灵"的补充，强调金融的政策性、优惠性与特殊性；在发展中国家，则又有"开发金融"的含义。综合各国实践及国内外专家学者的研究（小滨裕久，1999；白钦先，1993；等），本书对农村金融资源中的农业政策性金融作如下定义：农业政策性金融是指一国政府为了满足农业经营中的生产、加工、流通各环节对资金与金融服务的需求，建立的一种政府扶持的、政策性的资金配置与运行形式，具有政策性、信用性、优惠性的特点。

3.1.2.2 国外农业政策性金融的实践[①]

20世纪初是国外农业政策性机构开始设立的时期，到50年代基本形成体系。纵观其政策性金融实践，不难发现，通过设立农业政策性金融机构与制度，在相当大程度上缓解了农村微观经济主体的资金缺口，解决了农业生产、加工、

---

① 郑燕洪，雷连鸣. 美、日、法农业政策性金融体系比较 [J]. 福建金融，2005 (8)：40-41；
白钦先，耿立新. 日本近150年来政策性金融的发展演变与特征 [J]. 日本研究，2005 (3)：14-16；
蔡友才，陆娟. 我国农村政策性金融的国际借鉴与改革思路 [J]. 当代财经，2005 (4)：44-47.

流通领域投入不足的问题，极大地推动了本国农业的现代化。虽然各国的农业政策性金融有一定的共性，但是，各国在具体运作时还有一定的侧重与特色。以下对主要的一些国家的实践作一简介。

1. 美国的农业政策性金融。20 世纪初期，在联邦政府的支持下，美国建立起了自己的农业政策性金融机构体系。美国的农业政策性金融机构体系分为两部分：一是互助合作性质的农业信贷机构体系，全美分为 12 个农业信贷区（Farm Credit District），每区设联邦土地银行（1916 年）、联邦中期信贷银行（1923 年）和合作社银行（1933 年）；二是政府农业信贷机构，包括农民家计局（1935 年）、商业信贷公司（1933 年）和农村电气化管理局（1935 年）。此外，联邦住房贷款银行体系、美国进出口银行、小企业管理局也分别在相应领域构成农业政策性业务的补充。

这些农业政策性金融机构按照政府政策，对灾民救济、新农区建设、价格支持、农产品收购、农业综合企业发展等方面提供商业性金融机构和其他私人机构不愿意或无能力提供的低息、长期贷款支持，有效地弥补了政府与商业金融机构对农村支持的不足，促进了美国农业与农村的现代化。

2. 法国的农业政策性金融。法国是世界上最早建立农业政策性金融机构的国家，1894 年起建立了农业信贷互助地方金库，1899 年又建立了农业信贷地区金库作为地方金库的联合组织；1920 年成立专门管理地方金库和地区金库的国家农业信贷管理局。法国的农业政策性金融体系由法国农业信贷银行、地区金库及地方金库三级机构组成，包括 94 个地区金库和 3 150 个地方金库。其中，农业信贷银行是一家商业化运作的政策性金融银行，地区与地方金库是互助合作性质的组织，凡是从事农业活动的个人与机构均可成为会员，目前有 1 万多个分支机构，400 多万会员。

法国农业信贷银行资金主要是贷款与投资，银行既发放普通贷款，又发放优惠贷款，淡化了政策性金融和商业性金融的界限，通过执行政策性金融职能，农业信贷银行可以享受国家财政的特种优惠和补贴。农业金融方面，对与农业活动有关的领域发放中期、短期、长期的普通或优惠贷款，普通贷款主要为短期贷款，期限为 2 年以内；优惠贷款主要用于个人购置房屋和土地、农村电气化和农田水利工程，期限在 10～40 年，个别可达 50 年。投资目的在于服从宏观经济目标，对农业经营、土地经营、住房、农业组织、乡村公路建设、农业工程、农村工业和农业教育机构等进行投资，以改善农村环境，提高农民素质，提高农业技术水平和生产力。

需要指出的是，法国农业信贷银行的综合化（商业性、政策性的二合一）是传统小农生产模式向农业现代化过渡的产物。其基层单元是以合作原则为基础的，适合分散的小农经济，商业性金融则适用于农村中的规模型微观主体。现在，许多国家和地区都出现了合作制的股份化倾向，因此农业信贷银行向商业化、综合化方向发展也就可以理解并顺理成章了。

3. 日本的农业政策性金融。在日本，商业性金融与政策性金融相互分离，农业金融也是如此。农林渔业金融公库是日本农业政策性金融机构，它是由政府依据《农林渔业金融公库法》于 1953 年全资设立的，目前有 21 个分支机构。其设立的目的是：在农林渔业经营者向农林中央金库和其他一般金融机构筹集资金发生困难时，由农林渔业金融公库提供低利、长期资本以增加农林渔业生产力。农林渔业金融公库向农业经营者（包括农业企业）提供商业性金融机构不愿或不能提供的资金与服务，以满足农村各微观经济主体的资金需求。

二战后初期，日本面临的主要问题是粮食紧缺，因而以"农地改造、耕地开拓和灌溉设施改进"为中心的农业恢复措施成为公库信贷资金投向重点。20 世纪 50 年代，农业政策重点转向"维持自耕农经济地位"，相应地，公库推出"自耕农维持贷款"。60 年代以后，信贷投放的重点转向农业生产结构调整。70 年代中期，日本粮食生产过剩，扶持农产品加工和流通成为农业政策新重点。90 年代初期，日本农产品市场对外开放，公库设立"特定农产品加工资金"，将资金用于支持增强本国农产品的竞争能力。目前贷款的 70% 是农业贷款，20% 是林业贷款，10% 是渔业贷款，主要用于生产性基础设施的建设及维持和稳定经营条件，长期贷款的期限可达 10~45 年。

4. 韩国的农业政策性金融。本书之所以将韩国作为一个考察对象，主要是由于其农业政策性金融与其他国家相比，有明显的区别。

韩国于 20 世纪 50 年代开始建立农业金融体系，1961 年改组成立的农业协同组合信用部门（以下简称农协）和 1976 年成立的水产业协同组合信用部门（以下简称水协）成为韩国农业信贷的主要渠道。政府认识到民间资金难以满足现代农业发展需要，便以财政资金支持农协与水协的投资需求，同时对其严格控制。这样，整个农（水）协体系实际上行使了政策性金融机构的角色。与日本、法国等国家的区别是，农（水）协是自上而下由政府推动、层层建立的。政府对农业生产、加工、销售领域发放的低息政策性贷款，90% 以上是借助农（水）协体系转借给农民与农业企业的，通过向农民与农业企业提供较低利率的农业贷款和相关工程融资，以提高农业生产力，促进产业化发展水平。

此外，其他一些国家[①]也纷纷通过行政立法、机构设置的方式，形成并发展

---

① 印度 1963 年颁布了《农业中间信贷和开发公司法案》、泰国 1960 年颁布实施了《农业和农业合作社银行条例》等。印度成立国家农业和农村开发银行、地区农业银行和农业中间信贷和开发公司；德国成立土地信用银行和地租银行；巴西没有专门从事农业政策性金融和农村信贷业务的政策性金融机构，而由中央银行、各联邦银行、各州银行和私人商业银行等金融机构组成农业信贷体系。

了自己的农业政策性金融，有力地推动了本国农业的产业化经营与发展。

3.1.3 农村合作金融支持

农村合作金融是以国际合作原则为标准，以农村社员股金为资本金，以农村社员为基本的服务对象，以既定的金融业务为经营内容的经济组织。合作金融机构最早产生于19世纪中叶的欧洲，信用合作社是合作金融的基本形式，德国是信用合作社的诞生地。1850年，舒尔茨（Schulze）建立了城镇信用合作社（在德国又叫大众银行，Volksbank）；与此同时，雷发巽（Raiffeisen）为解决农民信贷支持的问题，于1864年组建了农村信用合作社。英国是现代合作事业的发源地，但信用合作事业的出现稍晚于德国。1872年，英国合作批发协会（CWS）成立贷款与储蓄部，正式进入信用合作领域，对个人和中小企业提供贷款和服务。法国是发达国家中历史上小农经济较为发达、农业在国民经济中长时期占有重要地位的一个。基于这种状况，农业信贷及信用合作事业在法国得到广泛发展，并自20世纪20年代起逐步形成了多个合作性金融机构同时并存的局面。信用合作社在美国出现晚于欧洲国家，但在20世纪20年代前后信用合作社在美国得到较快发展。1947年《农业协同组合法》出台后，日本的农村合作金融正式建立并发展起来，通过农协组织农户资金并向其提供贷款等金融支持，同时代理国家对农业生产经营的多个环节发放补助金和长期贷款。

各国的合作金融体系一般分为三个层次，即基层合作组织、地区性合作组织和中央合作组织，一般自下而上形成。早期的农村合作金融机构对农业生产的支持较为有限，主要是向农户提供短期农业贷款服务，用于农资的购买等生产流通领域。随着经济的发展，农村合作金融机构的业务范围也日趋扩大。许多国家的合作金融机构除办理面向农户的农业信贷业务外，还开展了面向农业加工与流通企业的各类贷款与服务业务。如德国，健全的农村信用合作社与合作银行有力地支持了农业的发展，其贷款总额占到农业及农产品加工业等微观主体贷款额的43%（张亦春，2001）。实践证明，合作金融的形式对于农村与农业的发展有重要的意义，是农村金融制度建设的核心，在农村金融市场具有比较优势（李富有、冯平涛，2005）。

在农村合作金融的发展过程中，大多数国家的政府都以不同方式或在不同程度上给予相应的政策支持与扶持，特别是在现代市场经济条件下，合作金融机构在竞争中有可能处于不利地位，为此，各国政府都制定了一套扶持农村经济、支持农村合作金融的政策和措施，使合作金融不同程度地具有了一定的政策性。①但是，各国在不同时期普遍存在经济与城乡发展的非均衡性，以及农业生产具有自身的特点，这都使合作金融成为农村金融必不可少的形式，在农村与农业经济发展中具有重要的作用与地位。因此，在农业金融的研究中，通常将其作为一个重要部分单独研究，并认为其与政策性金融、商业金融构成了农业、农村金融的三大支柱。

3.1.4 商业性农业金融支持

安全性、流动性、盈利性是各国商业性金融机构最基本的经营原则。由于农业的生产、经营具有较高的风险，出于对风险的控制和利润的追逐，商业性金融机构，如商业银行，通常不愿向其提供信用支持，因此出现了政策性与合作金融机构。商业性金融机构向农村微观经济主体提供信贷支持，通常要满足两个条件：一是商业银行具备很强的实力与能力，能够控制和抵御较大的农业投资风险；二是农业生产与经营主体的水平较高，且具有较好的盈利能力。否则，高风险、低利率的农业贷款会对商业银行带来不利的影响，甚至会危及商业银行的正常经营。

在农村与农业发展初期，主要依靠商业性金融来支持的并不多见，但英国是一个例外。英国是商业银行制度建立最早的国家，1694年就创建了股份制商业银行——英格兰银行，在19世纪中叶欧洲农村合作金融出现、发展时，其商业银行的分支机构已在农村普遍设立。20世纪40年代以后，英国虽然建立了农业信贷联合会和农业抵押公司向农民和中小农业企业提供中短期和长期贷款，但其规模和影响力均无法和商业银行相比。如果农业不发达，市场化水平不高，且商业银行没有较强的实力，出于风险与收益的考虑，商业银行通常也就不愿发放农业贷款。当然，如果政府能给予一定的贴补，商业银行也可维持，②但是国家财政负担会过重，对经济实力不是很强的农业大国来说，这是不现实的。③

从各国的实践来看，政策性金融对农村与农业发展的支持职能受本国金融制

---

① 从政府的作用上看，各国政府在实践中越来越认识到农村合作金融的地位和作用，采取了加强立法保障、设置专门管理机构、给予财税方面支持甚至直接参股等形式的政策措施，从而保证合作金融体系的有效运行（吴伟萍. 国外农村合作金融模式与特点及对我国的启示［J］. 成都教育学院学报，2005（5）：36）。

② 巴西是一个典型的农业金融商业经营的模式，其最大的商业银行——巴西银行提供的农业贷款占全国农贷的75%以上（蔡则祥. 国外农业金融制度的比较与借鉴［J］. 河南金融管理干部学院学报，2001（5）：58）。

③ 在1994年以前，中国农业银行也承担了绝大部分的农业信贷，支持农业经营主体，事实证明，效果并不好。

度安排和金融政策的限制，存在支持范围和支持对象上的局限。农村合作金融则受限于信贷结构和信贷规模，致使其支持对象偏重于农户与农村微小企业。当农业走上产业化经营道路之后，政策性金融与合作金融就难以满足现代农业发展的需求。在西方发达国家，随着农村经济发展的不断深入和商业金融机构的不断壮大，20 世纪 80 年代以后，农村金融与城市金融、农业金融与工商业金融逐渐融合，特别是当农村企业的规模与实力日益强大时，商业性金融对农村的支持力度明显增强。80 年代以来，在欧美国家及日本等商业金融与农业均十分发达的国家，商业银行并未减少或放弃农业领域，反而加大了对农村中的大型加工、流通企业的支持力度。

3.1.5 农业保险支持

农业保险在降低农业生产与经营风险、增强农民与农业企业抵御风险能力、促进农村经济发展方面均产生了积极而重要的作用。从福利经济学的角度看，农业保险具有很强的社会公益性，Hazell（1992）认为商业性保险持续发展的条件为 $(A+I)/P < 1$，①并对巴西、哥斯达黎加、墨西哥、日本、菲律宾和美国的 $(A+I)/P$ 比率进行计算，结果分别为 4.57、2.80、3.65、2.60、5.74 和 2.42。②但对于农业保险而言，在大多数国家和地区则无法实现完全的商业性。

农业保险，不论是政策性的、合作性的还是商业性的，都具有一定的政策性金融特征，其有效的建立与健全，离不开政府的支持与保障。发达农业国的一个共性，就是有着发达的农业保险制度。法国农业保险政策的主要特点是：允许并鼓励农民以互助合作的形式来举办农业和农村财产保险。这不仅大大提高了农民自力更生、抗灾救灾的能力，而且通过农村其他财产的保险收入弥补农业方面的损失，增强了农业保险的实力。日本农业保险制度的特点是：由政府直接参与保险计划，并具有强制性，凡是生产数量超过规定数额的农民和农场都必须参加保险。政府对农作物的保费补贴为 50%～80%，保费补贴和损失赔偿对农民收入与农业生产的稳定起到了重要的支持作用。

因此，从各国的实践来看，农业保险的发展虽因国情不同存在较大的差异，但仍具有以下几个共性：以完善的法律法规为主要基础；以强制性保险为主要手段；以政府政策支持为主要保障；以政策性、商业性结合为主要方式。可见，农业保险的发展离不开政府的支持，不同程度地都具有一定的政策性。综合来看，

---

① A 为保险公司平均管理费用，I 为平均赔款支出，P 为平均保费收入。收入必须大于支出与费用，否则保险公司就会亏损，无法持续经营。
② 冯文丽. 我国农业保险市场失灵与制度供给 [J]. 金融研究, 2004 (4): 125.

国外农业保险主要有以下几种模式①。

1. 政府主办、商业保险公司经营。美国是这一模式的主要代表。美国政府依据颁布的《联邦农作物保险法》,② 取消了政府救济计划,将农作物生产者纳入农作物保险计划。规定从 1994 年起,不参加政府保险计划的农户,不能得到政府其他计划的帮助。在运作模式上,联邦政府成立了农作物保险公司,委托各商业保险公司进行具体经营。政府承担联邦农作物保险公司的各项费用以及农作物保险推广和教育费用,对经营农业保险的商业保险公司提供 20%~25% 费用补贴,并提供农作物保险免税、比例再保险和超额损失再保险等政策扶持。2000 年美国农险补贴平均为纯保费的 53%,保费补贴额平均为 6.6 美元/英亩。投保农民当年农作物收成因灾害减产 25% 以上时,可以取得联邦农作物保险公司的最高赔偿金额。1980—1999 年,联邦政府对农作物保险的财政补贴总额累计达到 150 亿美元,其中,1999 年就达到 22.4 亿美元。

2. 政府主办并成立公司经营。加拿大是这一模式的主要代表。1959 年,加拿大联邦政府颁布了《联邦农作物保险法》,根据联邦政府与省政府的协议,在此后的 14 年中,全国 10 个省陆续通过各省立法,全部加入农作物保险行列。同时成立覆盖各省的农作物保险公司,由其直接负责经营,保险补贴、经营管理费用由政府承担。联邦政府和各地政府按照一定比例进行负担,对农作物保险公司进行业务经营费用补贴,并对经营农作物保险实行免税和再保险政策。加拿大政府对保费的补贴比例为 50%。在参保方式上,政府对农业保险采取强制保险与自愿保险相结合的方式。

3. 政府补贴、社会组织经营。日本是这一模式的主要代表。日本于 1929 年、1938 年出台《家畜保险法》、《农业保险法》,1947 年将《家畜保险法》和《农业保险法》合并加以修订、补充,产生了《农业灾害补偿法》,对水稻、旱稻、麦类等农作物的多种风险和蚕茧、牛、马、猪等饲养动物的疫病死亡实行法定保险,对其他作物及饲养动物实行自愿保险。根据《农业灾害补偿法》,日本的农业保险采取区域性农业共济体制,组织形式采用三级村民共济制度:直接承办各种农业保险业务的是市町村农业共济组合,承担农业共济组合风险业务的是都道府县共济联合会,承担各共济联合会再保险业务的是全国农业保险协会。农户参加保险,仅承担很小部分的保费,大部分由政府进行补贴,对旱稻补贴最高达 80%。政府对保费、经营费用进行补贴,还对农业保险实行再保险政策。各

---

① 陈峰燕. 借鉴国外经验探索我国发展农业保险制度的有效途径 [J]. 兰州学刊, 2005 (1).
国外农业保险发展模式与特点 [EB/L]. 南京粮网, http://grain.nj.gov.cn, 2005-09-02.
② 《联邦农作物保险法》自 1939 年颁布后,到 1980 年共修改了 12 次,1980 年正式在全国全面推行。1994 年再次修订,产生了《克林顿农作物保险改革法》(外国农业保险立法的比较与借鉴 [EB/OL]. 湖南农业信息网, http://www.hnagri.gov.cn, 2003-09-03).

级互济组织一般承担保险责任的 10%～20%，政府承担 50%～70%，遇特大灾害，政府承担 80%～100% 的保险赔偿。近年来，政府用于农业保险的财政支出，在农林渔业部总支出中占到 7%～17%。

4. 政府和金融机构主办、政府控股公司经营。菲律宾是这一模式的主要代表。借鉴其他国家发展农作物保险的经验，1978 年 9 月，出台了《农作物保险法》。1980 年 6 月，菲律宾政府和金融机构共同出资成立了由政府控股经营的农作物保险公司及分支机构，1981 年该公司正式举办农作物保险。政府负责保费补贴和保险公司的业务费用补贴（占费用补贴的 75%），政府金融机构通过贷款资金进行支持，将保险与金融机构贷款结合，有贷款的农民必须投保，无贷款的农民自愿投保。保险主要是农作物品种，如水稻、玉米。受限于经济与财政能力，与发达国家相比，菲律宾的保险保障水平比较低，其保险金额为农作物生产成本或政府监督计划的贷款上限，在两者中取较低者。起初，菲律宾农作物生产成本比较低，例如，水稻成本只占产值的 28%，玉米为 48%，1984 年以后将保险金额提高了 25%。

5. 政府提供政策支持、合作互助经营。法国是这一模式的主要代表。1900 年 7 月，法国通过《农业互助保险法》（AMA），1982 年，颁布《农业灾害救助法》，对农业互助保险给予大力扶持。法国政府对农民所交保费给予 50%～80% 的补贴；对农业保险部门免征一切赋税；设立农业巨灾保障基金，资金主要来源于保单征税和财政补贴；遇到大灾时，政府对商业保险公司实行优惠税收或免税政策，并提供止损再保险。

6. 商业性农业保险经营。出于农业的高风险和商业保险盈利性的考虑，商业性农业保险公司对保险标的通常有严格限定，只能在部分领域具有开展的可行性，其在农业保险中的应用并不广泛，如智利的国民保险集团和毛里求斯的糖业保险基金。商业保险公司资金来源主要是保费收入，政府不对保险进行补偿，为确保利润的实现，商业保险公司对农户（企业）的承保条件有严格的限制，对入保品种也有严格的界定，还确定了较高的免赔比例，如智利国民保险集团的免赔比例为 30%。

3.1.6 农业利用外资[①]

国外农业利用外资的领域涉及农业的生产、加工、流通等多个方面。发达国家农业利用外资的历史相当早，19 世纪英国等欧洲投资者把相当多的资金投向美国，农业是其投资的一个主要产业。到 1914 年，在美国利用的外商直接投资

---

① 国外农业利用外资的基本情况 [EB/OL]．上海农委政务网，http://e-nw.shac.gov.cn, 2002-03-10.

总额中，养殖业、种植业以及采矿业占到30%左右。1988—1997年，在发达国家中，外商直接投资于农业的存量，已由18.44亿美元增加到30.22亿美元。但从全球农业利用外资的总量上看，农业利用外资主要集中在发展中国家。据统计，截止到1991年6月30日，仅世界银行就累计向广大发展中国家发放农业贷款605.03亿美元；1990—1994财政年度，世界银行年均向发展中国家提供农业贷款32.15亿美元；1999财政年度，世界银行向发展中国家农业提供的贷款虽有下降，但仍达到28.07亿美元。另据世界贸发大会统计，1988年发展中国家农业外商直接投资流量只有5.69亿美元，到1997年则增加到17.95亿美元；1988年发展中国家农业外商直接投资存量仅为16.65亿美元，占全世界农业外商直接投资的47.5%，1997年则达到了162.88亿美元和84.4%。

泰国在《促进投资法》的引导下，自20世纪80年代中期以来，外资对农业部门的投资额占外资投资总额的17%。20世纪80年代以来，巴西充分利用外国的资金与技术加速农业开发，在利用外资方面，日本、美国是巴西最大的合作者。再如印度，从独立初期到1966年3月前只接受6.5亿卢比农业贷款，到1987年3月底，印度共接受外援总额达5 236.9亿卢比，其中贷款4 417.5亿卢比、赠款542亿卢比，外援主要是由世界银行及其附属机构国际开发协会，以及美国、英国、法国、加拿大、日本、联邦德国、前苏联等13国提供，20世纪70年代初，印度经济学家估算外援对印度农业发展成果所作的贡献值是：美国约25%，前苏联不到1%，其他各国和国际组织15%~20%，其余则为印度本身的努力。

从以上的分析和比较可以看出，世界各国在农村与农业发展过程中，均离不开各类金融资源的支持与合理配置，并且形成了政策性的、合作性的、商业性的、政府的、私人的、国内的、国外的，多层次、多角度的金融资源配置体系。

3.2 几点经验[①]

上述分析表明，无论是发达国家还是发展中国家，都逐渐形成了政府主导型的农村政策性金融体系、农村合作金融体系以及农村商业性金融体系，这些金融体系从信贷、保险等多方面对农村发展给予了有力的支持。

1. 重视运用政府政策性金融手段支持农村经济发展。为了解决农业积累资金速度缓慢、农业对外部资金缺乏吸引力、农业和农村融资难等问题，各国纷纷设立农村政策性金融机构，向农村微观经济主体提供低息贷款，弥补其信贷资金的缺口，同时还配合政府农业政策，提供特别的政策性贷款、补贴或补偿，在兴

---

① 宋宏谋. 中国农村金融发展问题研究 [M]. 太原：山西经济出版社，2003.

修水利、整治土地、促进农产品销售、稳定农产品价格、农业结构调整和农民收入稳定与提高等方面发挥了重要作用。

2. 重视鼓励和利用农村合作金融组织支持和保护农村经济的发展,并通过各种措施扶持和规范农村合作金融。各国纷纷建立了以信用合作社为基础的农村合作金融组织体系,各国农村合作金融组织已在业务经营、民主管理、组织体制等方面形成了比较完善的运行机制,在支持农村微观经济主体发展中起着十分重要的基础性作用。

3. 各国都非常重视通过建立农业保险制度支持和保护农业,但从总体上看,发达国家和发展中国家各具特色,进展不一。

3.3 借鉴与启示

我国农村金融资源配置结构,与国外相比基本上相似。总体来看,在我国形成了以政府财政投资为动力,以商业性金融(主要是中国农业银行)和政策性金融(主要是中国农业发展银行)为主体,以农村合作金融为基础,以农业保险为保障,以资本市场融资为补充,包括民间资本与外资共同参与的农村金融资源配置体系。从我国各地的实践来看,由于财政对农业的反哺能力有限,对农村与农业的支持力度较弱,由于农业投资的低收益、高风险的特性以及农民、乡镇企业自身积累的不足,外资与民间资本的投入也相对有限,因此在我国,主要由各类金融机构对农村与农业提供资金支持。

通过农村金融资源配置实践的国际比较可以发现,农村经济发展对资金的依赖日益增强。在政府扶持与政策支持下,建立完善的农村金融资源配置体系,是实现农村经济发展与农业现代化的基本保障。因此,在优化农村金融资源配置体系、增强对农村经济金融支持的力度与效率时,必须做到:

1. 完善相关立法、健全相关制度,为农村经济发展提供一个有序的、良性的法制环境;

2. 重视运用政府投资、财政补贴、税收优惠等财政政策的支持;

3. 建立健全商业性、政策性、合作性及新型微小金融机构与组织,优化资金配置结构与效率;

4. 建立健全农业保险、农业企业信用担保等制度,以提高农村微观经济主体抵御风险与融资的能力;

5. 规范民间融资市场,扩充金融资源配置的渠道。

经过20多年的农村金融体制改革,现阶段我国农村金融组织体系由正规金融机构和非正规的金融机构组成(见图3-1)。各地要从实际出发,根据农村经济与金融发展的水平,完善各类金融机构的功能,营造一个运作有序、公平透明、安全有效的金融资源配置体系与制度安排，充分发挥各类金融资源的特性与优势，为农村经济服务。

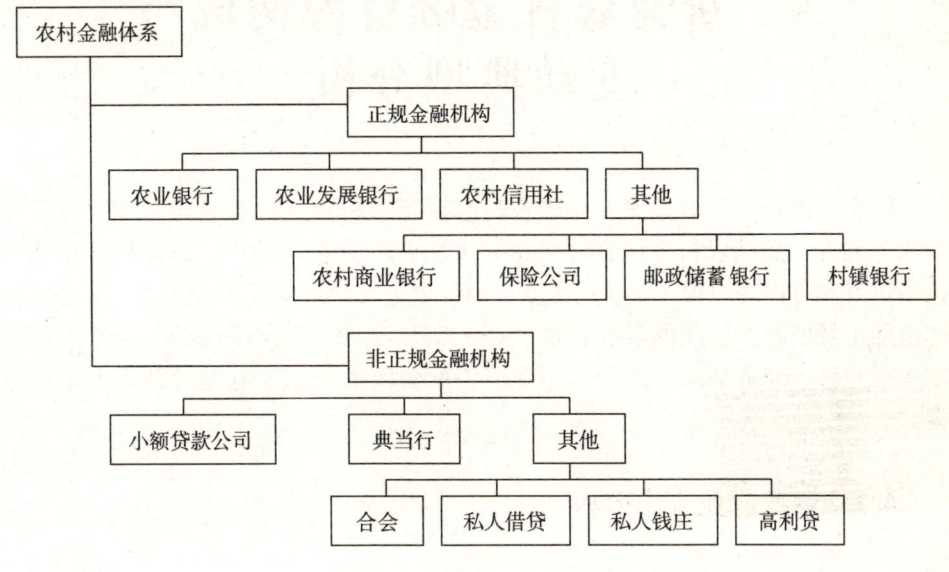

图 3-1　中国农村金融组织体系

4 新疆农村金融资源构成与变动典型分析

社会经济转型发展以来，新疆农村金融资源配置结构逐渐向"多元化、分散式"转变。新疆农村金融资源无论是金融资产总量与结构，还是配置主体与市场培育等方面均取得了显著的成效，财政农业支出的规模不断加大，金融机构和金融市场的种类、规模不断增加，金融工具、金融服务不断创新，金融市场机制不断完善，经济基础、法治信用环境、配套政策与制度等也得到了一定的改善。

4.1 财政农业支出分析

在新疆，财政通过多种渠道、形式对农村与农业发展提供支持与保障。对农业与农村的支持主要包括：财政用于农林、水利、气象等方面的基本建设支出；财政用于农业企业挖潜性质的改造支出；财政用于农林部门的科技三项费用支出；财政用于农林水利气象部门的事业费支出；财政用于支援农业、农村生产的支出；财政综合开发支出等。其中，后两项对农户、农村经济合作组织、农村企业提供了相应的资金支持或补贴。

必要的财政资金支持是经济欠发达民族地区农村经济发展的重要保障，但是与全国及发达地区相比，总体上看新疆地方财政自给率处于较低水平。从图4-1中我们不难看出，自经济转型发展以来，新疆财政的自给率[①]与江苏省、浙江省等发达地区相比不但有较大的差距，且这种差距还有不断扩大的趋势；即便与同处西部的陕西省相比，除2000年外，历年也存在不同程度的差距。从表4-1中也不难发现，新疆地方财政自给率总体呈下降趋势，由1990年的45.73%（1993年最高达到54.29%）下降至2002年最低的32.25%，近几年虽有所回升，到2009年达到33.43%，但与经济发达地区（江苏的80.37%）仍有较大的差距。从表4-1中还能看出，新疆第一产业占GDP比重一直高于全国水平，但财政用于农业支出占总支出比重在1998—2005年则低于全国平均水平，2006年后才超过全国，2009年达到14.59%。

---

① 本书中的财政自给率为地方财政收入与地方财政支出之比。

4 新疆农村金融资源构成与变动典型分析

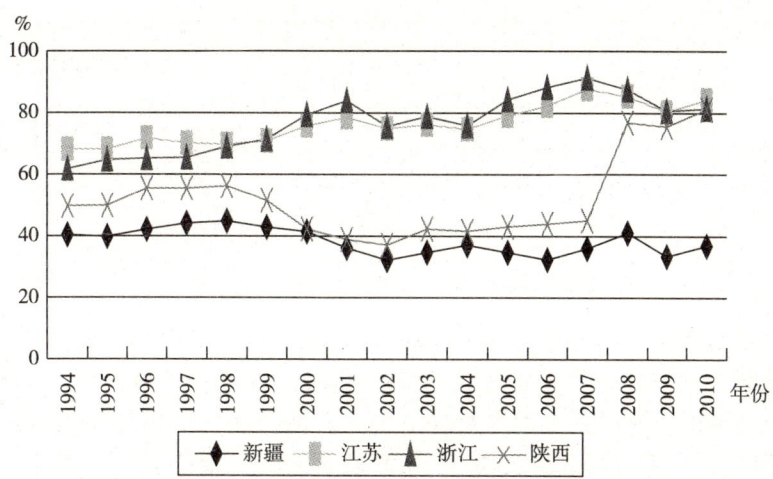

资料来源:根据历年统计年鉴数据整理。

图4-1 部分省区地方财政自给率变动情况

表4-1 农业、财政及财政农业投入的比较

年份	第一产业GDP占GDP比重(%)		财政用于农业支出占总支出比重(%)		财政自给率(%)	
	新疆	全国	新疆	全国	新疆	江苏
1990	39.8	27.1	11.80	9.98	45.73	134.89
1991	33.3	24.5	11.58	10.26	52.54	111.79
1992	28.5	21.8	11.37	10.05	46.48	121.02
1993	25.6	19.7	10.43	9.49	54.29	135.05
1994	28.3	19.8	10.84	9.20	40.37	68.25
1995	29.5	19.9	9.72	8.43	39.71	68.11
1996	27.7	19.7	9.65	8.82	42.05	71.77
1997	26.9	18.3	8.79	8.30	44.20	70.15
1998	26.3	17.6	7.59	10.69	44.79	69.80
1999	23.1	16.5	7.68	8.23	42.89	70.85
2000	21.1	15.1	6.71	7.75	41.41	75.82
2001	19.3	14.4	6.57	7.71	36.11	78.41
2002	18.9	13.7	4.93	7.17	32.25	74.83
2003	21.9	12.8	6.30	7.12	34.80	76.18
2004	20.2	13.4	8.03	8.28	36.98	74.73
2005	19.6	12.2	6.32	7.22	34.74	79.04
2006	17.3	11.3	9.52	7.85	32.35	82.29

续表

年份	第一产业 GDP 占 GDP 比重（%）		财政用于农业支出占总支出比重（%）		财政自给率（%）	
	新疆	全国	新疆	全国	新疆	江苏
2007	17.8	11.3	11.25	6.84	35.95	87.63
2008	16.5	10.73	13.51	7.2	41.01	85.31
2009	17.8	10.35	14.59	8.8	33.43	80.37

资料来源：根据历年中国统计年鉴、新疆统计年鉴、江苏统计年鉴整理。

再看财政农业支出占第一产业 GDP 比例这一指标：美国、加拿大、英国、澳大利亚等农业发达国家该指标达到 25% 以上（李焕彰、钱忠好，2004），日本、以色列等国该指标更是达到 45%～95%；新疆这一指标与发达国家相比差距十分明显，即便是财政农业支出增长较快的 2007 年，该指标也仅为 15.65%。[①]

事实上，统计数据中反映出的财政农业支出并非全部用于农村微观经济主体与农业生产中，因此，在新疆农村经济发展中，财政资金更多的是起到示范和带动作用。此外，私人及外资用于农村与农业的投资也较为有限，所以，新疆农村金融资源配置的主体还是各类农村金融组织。

4.2 农村金融机构体系分析

从资金支持与金融服务规模上看，新疆形成了以农业银行、农业发展银行、农村信用社为主导，邮政储蓄、村镇银行、保险公司（主要是农业财产保险业务）为辅助的农村金融机构体系。

4.2.1 农业银行

农业银行新疆分行恢复成立于 1979 年。农业银行涉农贷款，包括专项农业（扶贫、农业综合开发及粮棉油附营）贷款、常规农业（农林水牧渔及农产品加工）贷款、乡镇企业贷款、农村供销社贷款、农副产品收购贷款和农业、农村基础设施贷款。截至 2010 年末，农业银行新疆分行拥有 365 家分支机构，8 233 名职工。农业银行围绕新疆优势资源转换战略，调整和优化信贷结构，信贷投放向龙头企业及生产基地倾斜，并提高重点涉农行业的有效信贷投入。

农业银行新疆分行根据全疆农业及农村经济发展的新变化，通过多种途径、采取多种措施创新业务品牌。按照"因地制宜、区别对待、分类指导、稳健发

[①] 根据新疆统计年鉴（2008）数据整理。

展、确保优势"的原则，发挥农村金融的支柱作用，结合不同支行的经济环境、业务发展能力、风险控制能力以及政策环境、特色产业发育程度等因素，对县域支行的业务发展方向和金融产品进行定位，确定不同的发展模式，实行"一行一策"。在确保满足支持"三农"资金需求的前提下，坚持审慎投放，不盲目追求贷款规模和数量。在贷款投向上，选准选好优良客户，重点培养有实力、有能力、信誉好的固定客户群，将资源有优势、行业前景好、带动农户增收能力强的农业产业化龙头企业作为支持重点。在兼顾成本、效益及贷款安全的前提下，确定贷款的范围和额度，加大资金投入力度，支持农村种养大户发展，在城郊和有条件的农区推广农户精品贷款。积极探索"农家乐"协会与农行的合作，采用五户联保、耕地流转权抵押、以会员股金作保证金抵押等方法，创新农户贷款抵押担保方式，支持还款来源有保证的农户发展，目前已培育出近万名诚信良好的农业种养殖精品户。

4.2.2 农业发展银行

农业发展银行新疆分行成立于1995年4月，主要承担办理国家规定的农业政策性金融业务，包括粮棉油收购贷款、对粮油加工企业和产业化龙头企业贷款等业务。截至2009年末，拥有91家分支机构及2 000名职工。

农发行已形成以粮棉油贷款业务为主，农林牧副渔生产、加工转化及农业科技等新增业务领域为辅的业务范围，支农功能进一步增强。农发行自2004年开始实行业务拓展，首先延伸到以粮棉油为主要原料的农业产业化龙头企业及加工转化等企业，2006年7月将信贷触角从粮棉油收购、调销、储备环节向后延伸，产业化龙头企业贷款对象范围扩大到农、林、牧、副、渔整个农业领域，开始试办农业小企业贷款业务，遍布全疆的农产品加工企业从中受益，并被批准开办农业科技贷款。农发行业务由此突破了粮棉油流通领域的限制，拓展了农业产业化等业务，形成了政策性业务与商业性业务并存的格局。重点支持国家、自治区级和地州级农业产业化龙头企业和地方优良骨干粮油加工企业提高精深加工能力，着力培育一批竞争力强、效益好、辐射作用明显的优质客户。此外择优支持棉花企业技术设备改造，对列入国家棉花技改设备更新总体规划并在农发行开户的棉花加工企业，严格按总行开办技改贷款的条件，均衡实施信贷支持。同时，以大粮食的思路将粮食的精深加工、物流、仓储、粮食贸易、粮食生产设施和基地建设纳入粮食信贷业务拓展的方向，在自治区政府信用框架协议的支持下，重点对沿天山北坡经济带等经济环境好、优良企业集中的地区和粮棉主产区等给予适当政策倾斜。2007年2月，农发行新开办农村基础设施建设、农业综合开发和农业生产资料贷款业务，标志着农发行自1998年开发性贷款划转后全面突破短期贷款限制，进入支持农业和农村发展的中长期贷款领域的重大转变。农发行以政策性金融为基本定位，政策性、开发性、商业性金融为一体，进入了多方位支农阶段。2005年至2007年，农发行新疆分行为自治区政府和生产建设兵团分别提供总额为375亿元和300亿元的信用额度，专项用于支持龙头企业和各地粮棉油企业的生产流通、棉花技改等，开创了该分行与地方政府支持"三农"强强合作的新局面。

目前，农发行把支持农副产品的生产、加工和支持农业和农村发展的中长期贷款作为支农战略中的"两翼"，业务范围拓展到农业综合开发、农村基础设施建设等领域。除支持对当地辐射面广、带动力强的加工企业或龙头企业外，农发行新疆分行还将附加值较高的粮油精深加工企业列为服务对象，促进其产业升级，支持农业科技的推广转化和与农牧业的结合，支持新疆特色林果业和设施农业的发展，促进县域经济的发展。

4.2.3 农村信用合作社

新疆农村信用合作社成立于1952年10月，是由辖区内农户、个体工商户和中小企业入股组成的、实行社员民主管理、主要为社员提供金融服务的社区性地方金融机构，是向农村提供金融服务的核心力量。截至2008年末，拥有1 012个分支机构及9 841名职工，其中县（市）联社83家，409家独立核算法人社，80%以上的机构网点分布在全疆的各个乡镇和牧区。2007年累计投放农业贷款116.7亿元，占信贷投放总量的58.2%，占全疆金融机构农业贷款投放总额的70%以上，之后几年来，农业贷款投放量逐年增加。农信社用仅占全区金融同业8.85%的资金来源保证了新疆七成以上的农业贷款投放，贷款净投放排在全国农信社第二位，已成为支持"三农"的重要金融支柱。

新疆农信社小额信贷发展迅速，截至2006年末，创建信用乡镇138个，占乡镇总数的17.3%，信用村2 221个，占行政村总数的24.8%，评定信用农户99万户，占农户总数的43.2%，小额农贷农户覆盖面达到51.4%。当年发放农户小额信用贷款9.56亿元、农户联保贷款19.78亿元，占农户贷款余额的50.2%，有68%的农牧民得到了贷款支持。截至2007年末，已有1 085家机构网点开办了小额农贷，占总数的95%，年均累放额已由1999年的27亿元增至140亿元，年均增长率为26%，有94%的农牧民得到了贷款支持，比年初增加26个百分点，新疆小额农贷覆盖率已名列全国第一位，农户贷款增幅和农业贷款占贷款总额的比率均排名全国第二位。

为了促进农牧民增收致富，新疆农信社研究出台了农村小额信贷以及林果业、畜牧业、设施农业、抗震安居、农村妇女自主创业贷款等贷款管理办法，创新自身的业务品种，贴近农民的贷款需求。2008年新疆农信社计划增加贷款70亿元支持"三农"，加大对棉粮林畜四大产业的支持力度，重点扶持农业龙头企业的快速发展，加大抗震安居贷款、农村妇女自主创业贷款、下岗再就业贷款、生源地助学贷款、进城农民创业贷款等的信贷投放力度，同时，在全疆推行"一卡（折）通"业务，使财政直补资金通过农信社专用存折直接发放到农民个人账户中，通过一系列惠农、利农措施，促进全疆农业产业结构调整和农民增收。

2006年7月26日，由全疆83家农信社共同发起的自治区农村信用合作社联合社正式成立，注册资本为1亿元，承担对全疆农村信用社的管理、指导、协调和服务的职能。自2008年以来，新疆在石河子、昌吉等农村金融与经济较发达地区展开了农村合作银行与农村商业银行的组建工作。同时，为支持农信社的改革发展，提高农信社资本充足率，"十一五"期间，自治区财政向30个扶贫开发重点县农信社各注入股本金1 000万元，以推动全疆农信社健康发展，适应新农村建设的需要。经过5年多的产权和管理体制的改革，新疆农信社的盈利水平与抗风险能力增强，经营管理水平得到提升。2009年与2000年相比，资产利润率提高0.47个百分点，不良贷款率下降45.95个百分点，不良贷款率仅为3.57%，达到历史最低水平（见表4-2）。

表4-2　　　　　　2000—2009年新疆农信社部分监管指标

年份	2000	2001	2002	2003	2004	2005	2006	2007	2008	2009
资产利润率	0.23	0.43	0.44	0.41	0.48	0.43	0.44	0.88	0.75	0.7
不良贷款率	49.52	40.19	27.52	18.34	21.24	21.7	17.22	11.54	6.06	3.57
资本充足率	8.07	3.75	5.1	6.41	7.95	9.95	14.58	13.71	8.41	—

资料来源：根据新疆银监局与人民银行调研资料整理。

2005年12月，新疆农信社电子化网络建成，截至2010年，1 000余家农信社营业网点实现了在全疆范围内的通存通兑，有83家县（市）营业部与人民银行大额支付系统对接，实现了全国范围内的汇兑业务实时达账，解决了电子化程度低、客户资金结算难问题，标志着新疆农信社的金融服务手段进一步完善、服务功能进一步增强。2006年7月3日小额支付系统正式上线运行，全疆98%的农信社已接入该系统，月均清算金额61亿元，畅通了农村地区资金支付清算的主渠道，标志着金融服务水平又上新台阶。2007年12月18日，新疆农信社信用卡产品——玉卡正式面世，是农信社电子化应用的重大成果，进一步丰富了产品的功能和服务内涵。

新疆农信社大致分三种类型：第一类地处比较发达的首府城市和地州（市），如乌鲁木齐县联社、库尔勒联社、昌吉市联社、伊宁市联社、石河子联社等，由于郊区农村城市化，主要服务对象是城镇个体工商户、民营企业，商业化经营程度逐年提高，农户贷款比重逐年下降，"三农"的服务需求明显弱化。

第二类地处人口相对集中、农业基础较好的粮棉大县，包括16家县（市）联社及151家独立法人社，在当地金融机构中占有市场份额较高，是信贷支农的主力军。第三类是处于边远落后地区的县联社和中心社，一般资产规模小、抗御风险能力弱，当地农户和农业生产对信用社贷款资金依赖性很大，绝大部分农户靠信用社贷款种地，维持温饱型的简单再生产。

4.2.4 邮政储蓄

新疆邮政储蓄自1986年5月恢复开办以来，依托邮政网络优势，扩大农村地区网点分布，不断丰富服务农民的金融产品，是新疆唯一网点遍布所有县市的金融机构，成为连接城乡经济的"绿色"金融桥梁。截至2009年末，全疆邮政储蓄网点607个、汇兑营业网点1107个，从业人员4505人，存款账户突破650万户，存款余额从1986年的1104万元增长至2009年的324亿元，年均增速45%，市场占有率从0.24%跃升到10.63%（见图4-2）。

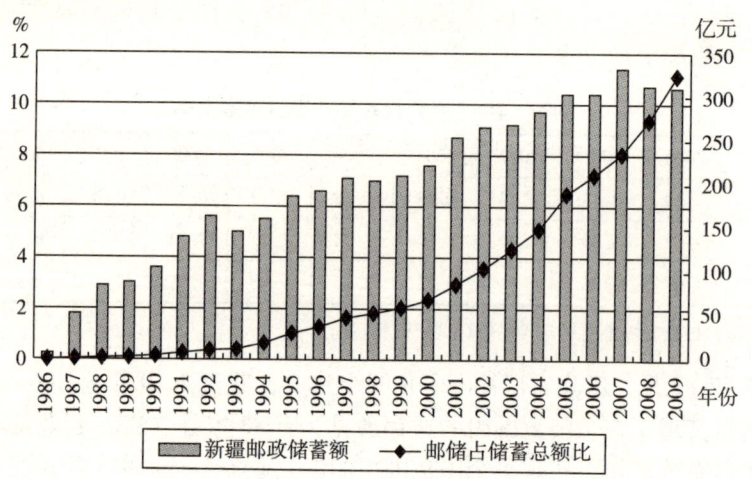

资料来源：根据1987—2010年新疆年鉴整理。

图4-2 新疆邮政储蓄额增长情况及趋势

新疆邮政部门已在全疆所有农村支局、所设立"三农"服务站，并向行政村延伸，大力发展邮政储蓄、代理保险、报刊发行等农村邮政业务，依托网络优势通过转账业务、入账汇款业务，为粮棉瓜果收购商提供资金结算通道，开辟了邮政储蓄服务"三农"的新途径。近年来，邮政金融部门依托农村邮储服务网络的优势，以不断发展的邮政储蓄信息化建设为基础，针对农村市场的特点和农村客户的需求，在完善服务"三农"功能方面进行了大量积极而有效的探索，已经形成较成熟的基于邮政储蓄异地通存通兑平台、银联跨行交易平台、电子汇兑平台以及邮政企业遍布城乡的投递平台的农村客户个人资金汇划业务体系，邮政储蓄绿卡、邮政汇兑已成为农村居民重要的资金汇划工具。目前，以综合计算机网和邮政储蓄"绿卡"网为主体的邮政信息网基本建成，覆盖了县以上城市及大部分农村乡、镇、场，并且与全国实现互联互通，网点联网率100%，标志着新疆邮政储蓄业务又跃上新的发展平台。2007年3月1日，新疆邮政储蓄小额质押贷款业务在全疆4个地州的7个县市先行正式开办，标志着新疆邮政正式开办贷款业务，这也是邮政金融支持"三农"的又一具体举措。截至2007年末，累计发放小额质押贷款5 000万元，改变"只吸不贷"局面，迈出邮储资金回流农村、服务"三农"的第一步，全年实现资金回流6.5亿元。

2008年1月28日，中国邮政储蓄银行新疆分行正式挂牌成立，其中省级分行1家，二级分行16家，支行366家，分支机构覆盖全疆所有的市、县和主要乡镇，占现有邮储机构的64.15%。市场定位主要是面向城市社区和农村居民提供基础金融服务，以零售和中间业务为主。2008年3月18日，邮政储蓄小额贷款业务启动，成为广大小型企业主和农户的又一新贷款融资渠道。目前形成了以本外币储蓄存款为主体的负债业务，以国内国际汇兑、转账业务、银行卡、代理保险及证券、代收代付等多种形式的中间业务，以及银行间债券市场业务、大额协议存款、银团贷款和小额信贷为主渠道的资产业务。

4.2.5 村镇银行

2008年1月18日，新疆首家国民村镇银行——五家渠国民村镇银行正式开业。由全国首家农村合作银行宁波鄞州农村合作银行作为发起行，一期注册资本2 800万元，由发起行及其战略合作伙伴出资60%、农六师所属团场及企业出资40%，共同投资入股组建，由发起银行方面绝对控股。新疆村镇银行的市场定位是以"三农"为主，以服务县域中小企业为重要补充，资金投向主要圈定在农六师、五家渠市区域农场职工（农户）、中小农业龙头企业和居民自主创业上；有微小贷款、联合保证贷款等信贷产品，为小企业、农户、个体工商户提供全方位金融服务，为职工办理农机具采购贷款、创业贷款和再就业贷款等。农村金融组织创新试点实现突破，这种由境外银行提供的中国内地偏远地区农民小额信用贷款，不仅拓宽了当地农民的融资途径，为基层农信社拓展中间业务注入了活力，更为多样化解决农村经济融资瓶颈问题提供了可行性的参考样本。作为新型中小农村银行业金融机构，其建立可以吸纳内地优秀银行的管理、品牌和服务优势，实现与兵团特殊体制优势的互补，对完善师（市）金融体系，激活金融市场，解决融资瓶颈，促进当地金融业的有效竞争与良性发展，以及金融与经济协调发展，具有十分重要的意义，有利于引领民间资本进入生产领域，繁荣农村金融市场，真正体现农村资金反哺于民，有利于建立健全农村金融服务体系，为建立具有竞争性的农村金融市场创造条件。截至2008年4月，五家渠国民村镇银行已经贷款6 600万元支持3 000余户团场农工春耕生产。

4.2.6 农业保险

新疆农业保险自1982年恢复业务，是全国农险九个试点省区之一。人保新疆分公司的农险运作模式被列为五种试点模式之一，现开办农业保险的有人保新疆分公司和中华联合财险公司（原兵团财险公司）。2006年被纳入"国家政策性农业保险试点"地区，在昌吉、塔城、和田、喀什和阿克苏五个地州开展试点，覆盖25个县市，累计业务规模达到2 998.6万元，同比增长9.2%，为农业生产提供保险保障64亿元。目前，全疆农业保险覆盖了乌鲁木齐市、巴州、阿克苏等8个地州及兵团14个地区、190多个农牧团场，包括60多个县市，占全区县市总数的70%以上；险种已从单一的麦场火灾险发展到以棉花为主的经济作物险、粮食作物险、养殖业险、蔬菜大棚险、苗木险、农机具险、农家财产险等60多个险种，业务范围包括农作物播种期、生长期、收获期及农产品的加工储运等多个环节。

"十五"期间，实现农险保费收入13.17亿元，占到全国农业保险保费收入的50%以上，累计为6 716万亩农作物、217万头牲畜提供了风险保障，为农村防灾防损支付防灾费6 600万元，赔付达9.63亿元。2007年农业保险实现保费收入7.57亿元，同比增长167.3%，农业保险深度为0.75%，密度为59.4元/人，保费收入连年排名全国首位（见表4-3，图4-3）。截至2009年末，累计实现农业保险保费收入14.30亿元，赔款给付额8.77亿元。

表4-3　　　　　　　　　新疆农业保险发展情况

年份	农业保险保费收入（万元）	全国农业保险保费收入（万元）	占全国农业保险保费比例（%）	农业保险深度（%）	农业保险密度（元/人）
1982	0.4	23	1.74	0.0001	0.0004
1983	3.6	173	2.08	0.0008	0.004
1984	2.3	1 007	0.23	0.0005	0.003
1985	59.3	4 330	1.37	0.0105	0.08
1986	545.33	7 802	6.99	0.08	0.71
1987	1 145.25	10 028	11.42	0.14	1.5
1988	2 354.87	11 569	20.36	0.22	3
1989	3 016.40	12 966	23.26	0.25	3.8
1990	3 606.04	19 248	18.73	0.25	4.3
1991	5 181.69	45 504	11.39	0.32	6.1
1992	7 181.98	81 690	8.79	0.42	8.3

续表

年份	农业保险保费收入（万元）	全国农业保险保费收入（万元）	占全国农业保险保费比例（%）	农业保险深度（%）	农业保险密度（元/人）
1993	8 039.85	56 130	14.32	0.41	9.3
1994	9 940.27	50 404	19.72	0.32	11.7
1995	15 980.71	49 620	32.21	0.39	19.1
1996	19 733.29	57 436	34.36	0.46	23.4
1997	25 110.94	57 589	43.6	0.53	29.3
1998	27 020.55	71 472	37.81	0.54	31
1999	28 430.99	63 228	44.97	0.62	33.6
2000	29 001.10	38 700	74.94	0.6	23.7
2001	27 909	33 100	84.32	0.56	22.5
2002	25 700	48 000	53.54	0.49	20.4
2003	24 175	46 000	52.55	0.35	19.1
2004	24 942	39 600	62.98	0.33	19.6
2005	27 044	70 000	38.63	0.33	21.4
2006	28 300	84 000	33.69	0.32	22.3
2007	75 700	530 000	14.28	0.75	59.4
2008	135 137	1 107 000	12.21	0.32	63.4
2009	142 971	1 339 000	10.68	0.33	66.2

资料来源：根据1987—2010年新疆统计年鉴和中国统计年鉴整理。

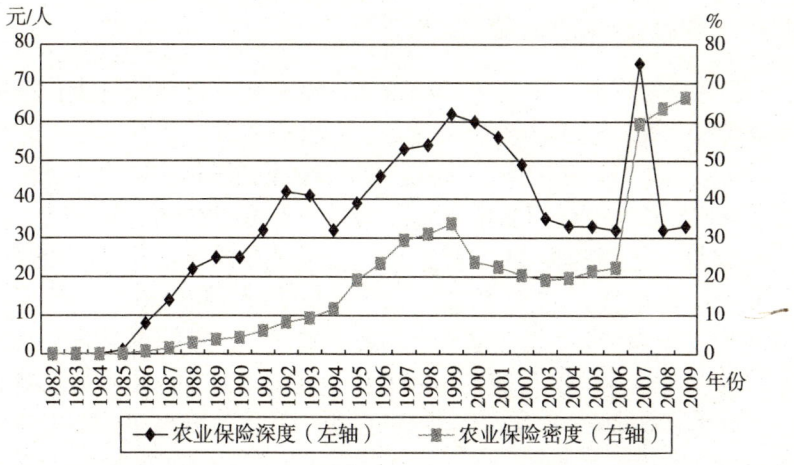

资料来源：1983—2010年新疆统计年鉴及新疆年鉴。

图4-3 新疆历年农业保险深度和保险密度指标情况

新疆农业保险开创了"政府推动、商业经营、单独立账、独立核算"的经营新模式。自2007年起全面推行政策性农业保险业务，实行由政府出资为1 200多万农牧民购买农业保险的优惠政策，分散和转移农牧民所承受的自然风险和市场风险。中央及自治区两级财政已到位补贴资金占2006年全区农业保险保费收入的41%，对新疆农业保险实现新突破发挥了重要作用。政策性农业保险和商业性农业保险良性互动，保险公司积极加快农村营销网点建设，全年新增农村营业网点98家，并发展创新了农民养老、健康、意外伤害等方面的一系列涉农险种。2008年，政策性农业保险试点承保各类农作物2 100万亩，其中棉花1 815万亩，同比增长66%，承保率达到88%左右，参加棉花保险的农民已经达到96.48万户，承保能繁母猪31.33万头，承保率58.9%，参加棉花、小麦、玉米、水稻、大豆五种农作物保险的农民达151.39万户。至2008年4月末，全疆保险业累计承保棉花、小麦、玉米、水稻、油料、设施农业和林果业等各类作物1 716.73万亩，农业保险累计预估赔款4.58亿元，已支付各类赔款6 611万元，有效发挥了保险的经济补偿功能，并将小麦、奶牛、油料作物等中央给予保费补贴的品种，纳入全疆政策性农业保险试点范畴，开拓特色林果业、畜牧业等支柱产业的保险服务领域，进一步扩大设施农业等涉农保险业务的覆盖面。

4.3　农村金融资产分析

4.3.1　农村金融资产总量与结构分析

新疆农村金融资产（主要包括农村现金流通量、金融机构涉农存贷款和农业保险保费收入等）总量的发展变化是农村金融发展的表征。根据戈德史密斯（1969）所定义的"金融发展是一国金融资产总量的增长和结构的变化"来分析农村金融资产增长以及结构变化情况，1980年新疆的农村金融资产总量是10.3亿元，到2009年已增长为892.43亿元，是1980年的86倍，年均增长16.6%。从历年来农村金融资产总量的环比增长情况来看，除1997年负增长5.7%、2006年负增长0.44%外，其他各期的增长率都在2个百分点以上，1998年增长率甚至接近60个百分点，说明在新疆农村金融资产总量的增长势头很好，但很不稳定。直到2000年，中央及自治区政府对"三农"问题予以高度关注，金融资产总量得以持续稳定协调增长，2000—2009年平均增长率为10.2%。图4-4是新疆农村金融资产总量（RFA）的柱状图，直观地显示了新疆农村金融资产总量的变化趋势。表4-4显示了1980—2009年新疆农村金融资产总量的额度及构成。

4 新疆农村金融资源构成与变动典型分析

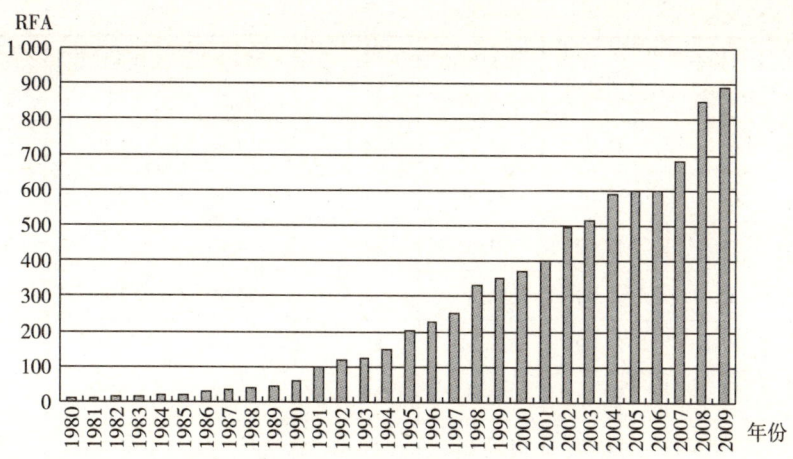

资料来源：1981—2010年新疆统计年鉴及中国金融年鉴。

图4-4 新疆农村金融资产总量增长趋势

表4-4 新疆农村金融机构涉农金融资产表

单位：亿元

年份	农村现金流通量	农业存款	农户储蓄存款	农业贷款	乡镇企业贷款	农业保险保费收入	农村金融资产总量
1980	—	6.71	1.22	2.26	0.11	—	10.3
1981	—	7.71	1.71	2.46	0.13	—	12.01
1982	—	8.44	2.22	3.65	0.22	0.00004	14.53
1983	—	9.38	2.8	3.47	0.18	0.0004	15.83
1984	—	9.87	3.67	6.49	0.3	0.0002	20.35
1985	—	9.14	3.95	7.38	0.41	0.006	20.89
1986	—	11.91	5.11	10.07	0.73	0.05	27.87
1987	—	13.51	6.87	12.61	1.15	0.11	34.25
1988	—	14.59	8.29	14.97	1.79	0.24	39.88
1989	—	15.49	9.25	17.46	1.89	0.3	44.39
1990	—	21.82	13.98	18.66	2.31	0.36	57.13
1991	30.23	26.67	16.72	22.58	2.82	0.52	99.54
1992	39.19	26.59	17.19	29.76	3.72	0.72	117.17
1993	45	29.33	20.45	23.93	6.12	0.8	125.63
1994	50	24.16	31.65	31.53	11.85	0.99	150.18
1995	55	29.28	59.08	43.34	15.14	1.6	203.44

续表

年份	农村现金流通量	农业存款	农户储蓄存款	农业贷款	乡镇企业贷款	农业保险保费收入	农村金融资产总量
1996	60	32.9	61.11	54.51	19.64	1.97	230.13
1997	64.2	38.05	81.29	51.31	13.19	2.51	250.55
1998	75.9	52.03	91.54	83.41	24.98	2.7	330.57
1999	80.36	60.94	92.4	91.51	24.79	2.84	352.48
2000	87.65	72.39	107.93	84.13	17.19	2.9	372.19
2001	60.33	86.23	134.49	99.46	17.73	2.79	401.03
2002	81.32	112.15	166.83	114.45	17.72	2.57	495.04
2003	81.35	131.49	152.47	123.03	21.79	2.42	512.55
2004	86.3	151.32	175.55	149.2	22.31	2.49	587.17
2005	74.75	127.15	214.49	169.78	10.63	2.7	599.5
2006	64.91	85.2	257.37	175.86	10.69	2.83	596.86
2007	74.9	114.02	286.94	186.97	10.38	7.57	680.78
2008	85.9	173.41	354.69	220.77	5.59	13.51	853.87
2009	95.76	261.94	205.61	309.81	5.01	14.3	892.43

注：农村现金流通量数据值由农村居民人均手持现金与农村总人数相乘得到。

资料来源：1981—2010年新疆统计年鉴及中国金融年鉴。

4.3.2 农村金融发展偏向分析

农村金融发展偏向指标，即农村存款额（农业存款与农户储蓄之和）与农村贷款额（农业贷款与乡镇企业贷款之和）之比，用RDL表示，该指标值越高，表明农村向外输送的金融剩余越多，金融发展偏向越严重。

表4-5　　1982—2009年新疆和全国农村金融发展偏向指标情况

年份	1982	1983	1984	1985	1986	1987	1988	1989	1990	1991	1992	1993	1994	1995
新疆值	2.76	3.33	1.99	1.7	1.57	1.48	1.36	1.28	1.71	1.71	1.31	1.66	1.29	1.51
全国值	1.25	1.29	1.08	1.02	1.08	1.1	1.14	1.12	1.08	1	1.01	1.04	1.27	1.28
年份	1996	1997	1998	1999	2000	2001	2002	2003	2004	2005	2006	2007	2008	2009
新疆值	1.27	1.85	1.32	1.32	1.78	1.88	2.11	1.96	1.91	1.89	1.84	2.01	2.33	1.49
全国值	1.27	1.28	1.22	1.22	1.37	1.39	1.4	1.44	1.47	1.59	1.84	1.95	2.07	2.08

新疆农村金融偏向指标（见表4-5）1982—1984年最低1.99，最高则达到3.33，1985—2001年在1.27~1.88徘徊，而自2002年上升至2.11后逐年下降至2009年的1.49；而此项全国指标1980—1999年平均值只有1.15，自2000年始由1.37逐年升至2009年的2.08。对比来看，新疆农村金融偏向程度普遍高于全国平均水平（见图4-5）。存贷结构不合理，储蓄—投资转化率过低，农村资金逆向外流势必造成农村金融严重"贫血"，极大地影响了新疆农业生产及农村经济的可持续发展。

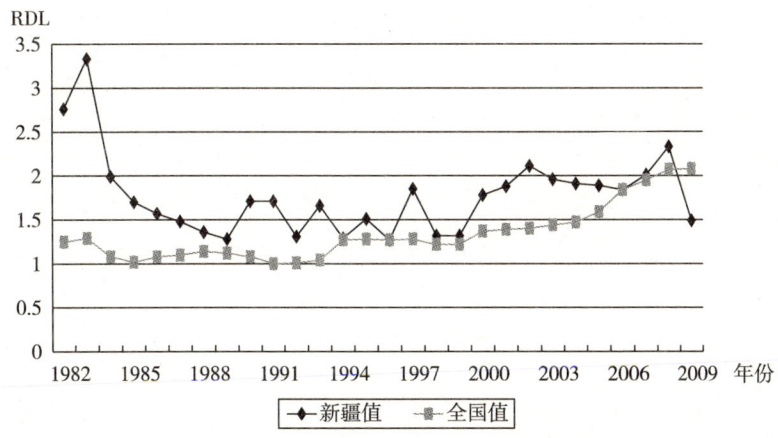

资料来源：根据1983—2010年新疆统计年鉴及中国金融年鉴整理编制。

图4-5 新疆与全国农村金融发展偏向指标变化趋势比较

4.4 农村金融发展与深化分析

研究金融发展水平时，通常用金融增长作为金融发展水平的替代指标。金融增长表现为金融资产规模相对于国民财富的扩展，国际上通常采用戈氏指标和麦氏指标来衡量金融增长水平即金融发展水平。戈氏指标即戈德史密斯（1969）提出的金融相关率（FIR）——金融资产占国内生产总值的比重，即指"某一时点上现存金融资产总额（含有重复计算部分）与国民财富——实物资产总额加上对外净资产之比"，通常将其简化为金融资产总量与国内生产总值比重，即FA/GDP，以衡量一国的经济金融化程度。麦氏指标是指麦金农（1988）衡量金融发展水平所使用的货币化比率，通常将其简化为货币存量M_2占国内生产总值的比重，即M_2/GDP，以衡量一国的经济货币化程度。新疆农村金融发展与深化程度如表4-6和图4-6所示。

表 4-6　　　　　　新疆农村金融相关率与货币化比率情况表

年份	RM$_2$（亿元）	RFA（亿元）	RGDP（亿元）	RFIR	RM$_2$/RGDP
1980	7.93	10.3	22.01	0.47	0.36
1981	9.42	12	35.08	0.34	0.27
1982	10.66	14.53	38.76	0.37	0.28
1983	12.17	15.83	43.39	0.36	0.28
1984	13.55	20.35	49.89	0.41	0.27
1985	13.09	20.89	56.57	0.36	0.23
1986	17.02	27.87	65.52	0.43	0.26
1987	20.38	34.25	81.63	0.42	0.25
1988	22.88	39.88	108.46	0.37	0.21
1989	24.74	44.39	121.5	0.37	0.2
1990	35.8	57.13	144.7	0.4	0.25
1991	73.62	99.54	162	0.61	0.45
1992	82.97	117.17	172	0.68	0.48
1993	94.78	125.63	198.2	0.63	0.48
1994	105.81	150.18	306.47	0.49	0.35
1995	143.36	203.44	405.73	0.5	0.35
1996	154.01	230.13	430.96	0.53	0.36
1997	183.54	250.55	476.47	0.53	0.39
1998	219.47	330.57	499.24	0.66	0.44
1999	233.34	352.48	461.15	0.76	0.51
2000	267.97	372.19	487.2	0.76	0.55
2001	281.05	401.03	496.81	0.81	0.57
2002	360.3	495.04	525.04	0.94	0.69
2003	365.31	512.55	688.32	0.74	0.53
2004	413.17	587.17	750.68	0.78	0.55
2005	416.39	599.5	831.06	0.72	0.5
2006	407.48	596.86	883.54	0.68	0.46
2007	475.86	680.78	1 003.00	0.68	0.47
2008	614	853.87	1 176.69	0.73	0.52
2009	563.31	892.43	1 297.61	0.69	0.43

注：M$_2$、FA、GDP、FIR 分别为广义货币供应量、金融资产、国内生产总值、金融相关率。表中相关指标前加上 R，相应表示农村广义货币供应量、农村金融资产、第一产业国内生产总值、农村金融相关率。

资料来源：1980—2009 年新疆统计年鉴及中国金融年鉴。

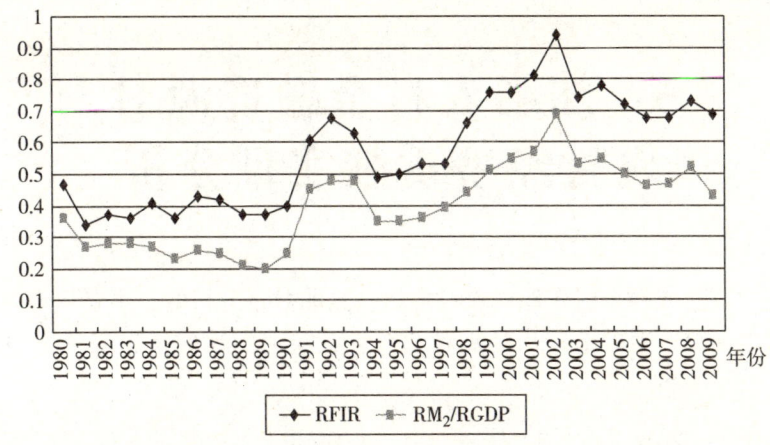

资料来源：1980—2009 年新疆统计年鉴及中国金融年鉴。

图 4-6　1980—2009 年新疆农村金融深化程度指标变化趋势

1980—2009 年，新疆农村的 RM_2（包括农村现金流通量、农村居民储蓄额和农业存款额）增长较快，由 7.93 亿元上升到 563.31 亿元，增长了 70 倍。金融相关率 RFIR（农村金融资产与农村 GDP 之比，农村 GDP 用农林牧渔总产值代替）由 0.47 提高至 2002 年的 0.94 后降至 0.69，货币化比率 $RM_2/RGDP$ 也由 0.36 提高至 2002 年的 0.69 后降至 0.43。自 20 世纪 90 年代以来，随着新疆农村经济的发展，两比率总体上持续上升，表明新疆农村金融深化和农村经济货币化程度不断提高，农业、农村经济与金融的关系进一步密切。但 2002 年后由于受国有商业银行从农村领域大幅度撤退，以及农村金融机构的商业化倾向影响，农村金融机构银行信用萎缩，存贷款规模停滞不前，导致农村金融资产的增长缓慢。同时，与全国农村金融相关率及货币化比率（2004—2006 年分别为 1.22、1.37、1.41 及 0.82、0.88、0.94）相比还相差甚远，说明新疆农村金融的发展仍然滞后。

根据戈德史密斯（1969）的研究成果，以金融相关率为标准划分金融结构，即 FIR 在 1/5 到 1/2 之间的金融结构处于初级阶段，高级阶段的金融结构其 FIR 约为 1，那么从 1991—2009 年的情况来看，新疆农村金融发展基本上越过初级水平，处于中级阶段。可见，从金融结构视角看，新疆农村金融发展水平的不足，也必然引致农村金融配置效率弱化，造成农村金融抑制现象，阻碍农村经济的可持续发展。

5 新疆农村金融资源对农村经济贡献实证分析

本书在进行农村金融资源对农村经济贡献的数量分析时，主要从金融资源对农民增收的贡献、对农业产出的贡献和对乡镇企业发展的贡献三个方面进行研究。

5.1 各类农村金融资源的贡献差异分析

传统的回归分析方法没有考虑变量是否平稳，而在组成方程的变量非平稳的情况下，会造成回归模型的"谬误回归"。传统的解决方法是对变量进行差分，但在这种情况下，又会造成建立的方程在长期内无解，由此不能反映出变量之间的长期关系。本书建立五个 VAR 模型，运用协整检验、向量自回归、方差分解等方法分别从不同的角度来研究新疆农村金融资源对新疆农村经济发展的贡献。

5.1.1 数据和变量选取

1. 新疆农村金融指标。最近20多年，支持新疆农村经济发展的金融资源，主要来自财政农业支出、金融机构农业贷款、金融机构乡镇企业贷款和农业保险保费收入等。本书选取财政农业支出（FAE）、金融机构农业贷款（FAL）、金融机构乡镇企业贷款（FEL）、农业保险保费收入（AI）以及农村金融资源总和（RFS1：财政农业支出、金融机构农业贷款、金融机构乡镇企业贷款、农业保险保费收入的总和）、农村金融投入（RFS2：RFS1 中扣除农业保险保费收入）作为反映新疆农村金融资源的指标。

2. 新疆农村经济发展指标。本书选取新疆农民收入（RNI）、农业总产值（AGOV）、乡镇企业总产值（ETOV）作为新疆农村经济发展指标，分别反映在农村经济发展过程中农民生活水平提高情况、农业总体发展状况以及农村企业发展的情况。

3. 数据来源。考虑到数据的可获得性以及小样本时间序列分析对数据的最低要求，本书选取了1985—2009年的年度数据作为模型样本数据。数据来源于《新疆50年（1955—2005）》以及历年新疆统计年鉴。本书对原始数据进行了对数调整，以下模型中的各变量都代表其相应的对数值，相应变量的一阶差分表示各变量的连续复变动率。

5.1.2 单位根检验

格兰杰检验和多元 VAR 模型均要求被分析的变量是平稳的。本书首先采用传统的 ADF（Augmented Dickey—Fuller）单位根检验对所有指标的水平和趋势平稳性进行了检验，结果显示均为非平稳的。对所有指标进行一阶差分的 ADF 检验显示所有差分指标都是平稳的，水平非平稳和趋势非平稳的原假设均在 10% 或更好的显著水平上被拒绝。检验过程中滞后项的确定采用 SIC 准则（见表 5-1）。

表 5-1　　　　各变量的 ADF 检验结果（1985—2009 年）

变量	ADF 统计量	临界值	变量	ADF 统计量	临界值
AGOV	-2.04	-2.64***	ΔAGOV	-2.901295	-2.65***
AI	-0.84	-1.60***	ΔAI	-2.293615	-1.96**
ETOV	-1.11	-2.64***	ΔETOV	-5.018331	-3.80*
FAE	2.30	-2.65***	ΔFAE	-5.595664	-3.80*
FAL	-1.24	-2.65***	ΔFAL	-5.502841	-3.83*
FEL	0.22	-1.60***	ΔFEL	-3.416290	-2.68*
RSF1	-1.73	-2.65***	ΔRFS1	-3.831511	-4.83*
RSF2	-1.63	-2.65***	ΔRSF2	-4.988199	-3.83*
RNI	-0.59	-2.64***	ΔRNI	-3.801540	-3.02**

注：Δ 表示差分算子，***、**、* 分别表示 10%、5% 和 1% 显著水平下的临界值。

5.1.3 对农村经济贡献实证结果分析

新疆农村金融资源，主要来自财政农业支出、金融机构农业贷款、金融机构乡镇企业贷款和农业保险保费收入等。[①] 从农村金融资源与农民收入的变动趋势来看（见表5-2），新疆农民收入随着农村金融资源的增长而增长。1985—2009 年，新疆农村金融资源总体呈上升趋势，年均增长 17.3%；同期农民人均纯收入年均增长 10%。

---

① 20 世纪 90 年代中期以后，农业企业在资本市场通过发行股票、债券实现融资后，也将部分资金投入到农村市场中。但从总量来看，这部分资金数量不大，因此，本部分研究对资本市场融资形成的农村金融资源未加以考虑。

表 5-2　新疆农民收入、农业总产值、乡镇企业总产值与
农村金融资源变动情况　　　　　　单位：亿元

年份	农民人均纯收入（元）	农业总产值	乡镇企业总产值	财政农业支出	金融机构农业贷款	金融机构乡镇企业贷款	农业保险保费收入	农村金融资源总和
1985	394	56.57	10.96	3.51	7.38	0.41	0.006	11.31
1986	420	65.52	12.93	4.08	10.07	0.73	0.055	14.93
1987	453	81.63	16.01	3.88	12.61	1.15	0.115	17.75
1988	496	108.46	18.92	4.45	14.97	1.79	0.235	21.45
1989	546	121.5	22.77	5.03	17.46	1.89	0.302	24.68
1990	684	144.65	25.31	5.62	18.66	2.31	0.361	26.95
1991	703	162.01	30.07	5.83	22.58	2.82	0.518	31.75
1992	740	172.42	39.33	6.38	29.76	3.72	0.718	40.58
1993	778	198.2	58.23	6.75	23.93	6.12	0.804	37.6
1994	936	306.47	105.47	7.71	31.53	11.85	0.994	52.08
1995	1 137	405.73	164.9	9.37	43.34	15.14	1.598	69.45
1996	1 290	430.96	211.86	11.09	54.51	19.64	1.973	87.21
1997	1 500	476.47	121.9	10.84	51.31	13.19	2.511	77.85
1998	1 600	499.24	245.74	11.08	83.41	24.98	2.702	122.17
1999	1 473	461.15	273.68	12.77	91.51	24.79	2.843	131.91
2000	1 618	487.2	302.21	12.82	84.13	17.19	2.9	117.04
2001	1 710	496.81	331.6	18.52	99.46	17.73	2.791	138.5
2002	1 863	525.04	362.95	21.77	114.45	17.72	2.57	156.51
2003	2 106	688.32	411.96	23.2	123.03	21.79	2.418	170.44
2004	2 245	750.68	456.29	33.81	149.2	22.31	2.494	207.81
2005	2 482	831.06	499.42	34.14	169.78	10.63	2.704	217.25
2006	2 737	883.54	557.47	69.26	175.86	10.69	2.832	235.83
2007	3 183	1 063.46	426.59	98.43	189.24	11.12	7.569	306.36
2008	3 503	1 176.69	862.92	143.16	220.77	5.59	13.51	383.03
2009	3 883	1 297.61	848.67	196.78	309.81	5.01	14.3	525.9

资料来源：《新疆50年（1955—2005）》，中国统计出版社，2005；历年新疆统计年鉴。

从图 5-1 中可以看出，新疆农村金融资源（RFS1）（此处指财政农业支出、金融机构农业贷款、金融机构乡镇企业贷款和农业保险保费收入之和）与农民收入的变动总体上具有一定的同步性。

从图 5-2 中可以发现，1992年以前，财政农业支出、农业贷款、乡镇企业贷款、农业保险保费收入基本上呈稳步增长的状态；1993—1996年，乡镇企业

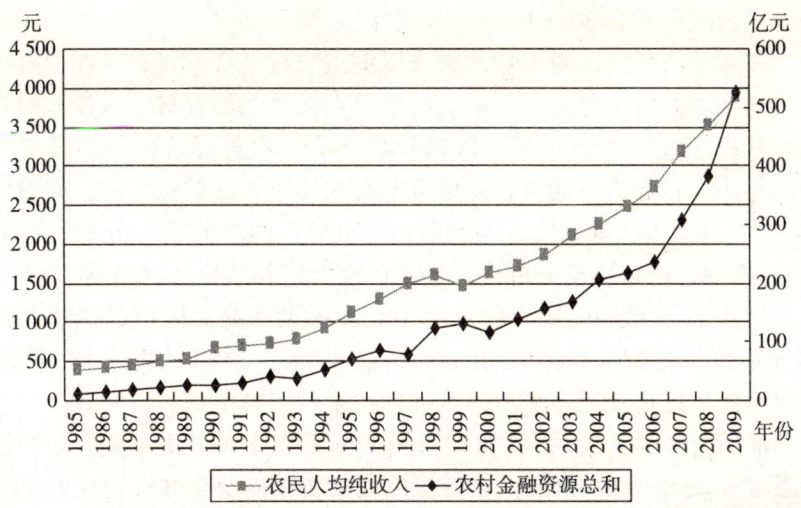

资料来源：根据《新疆50年（1955—2005）》，北京：中国统计出版社，2005；历年新疆统计年鉴整理。

图5-1 新疆农民收入与农村金融资源变动情况

贷款与农业保险保费收入快速增长，财政农业支出与农业贷款继续平稳增长，1996年以后各种农村金融资源则出现了不同的变化，农业贷款仍然平稳增长，近几年财政农业支出快速增长，农业保险保费收入与乡镇企业贷款规模则出现了一定的反复。

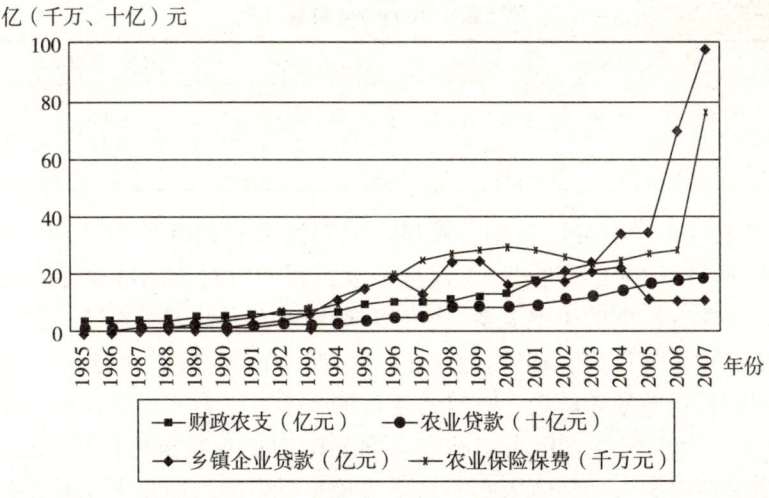

资料来源：根据《新疆50年（1955—2010）》，北京：中国统计出版社，2005；历年新疆统计年鉴整理。

图5-2 新疆农业金融资源变动情况

①农村金融资源总和（RFS1）对农民人均纯收入（RNI）的贡献分析。新疆长期以来致力于加大对农业的投入以促进农村经济的发展，在协整分析的框架内，这一政策可解释为，影响农村经济发展的主要农村资金投入指标之间如存在长期稳定（协整）关系，则这种协整应对农村经济的平稳发展产生有效的推动作用。在分析不同农村金融资源对农民收入的贡献之前，先对农村金融资源总和（RFS1）对农民人均纯收入（RNI）的影响进行分析，建立两变量的 VAR 模型，进行协整分析（Johansen 检验）并建立 VECM 模型（误差纠正模型）。Johansen 检验受到所使用的 VECM 模型的滞后阶数的影响，而对于 VAR 系统而言，其本质要求受到的约束越少越好，这就要求每个方程的滞后阶数一致。我们这里使用多变量信息准则法来确定模型的滞后阶数，经检验表明模型的滞后阶数为 1 阶。① 检验结果表明变量在 5% 的显著水平下存在一个协整关系（见表 5-3）。刻画两个变量之间的协整以及与 RNI 对应的 VECM 模型分别为

$$RNI = 4.24 + 0.65 RFS1 + v_t \quad (5-1)$$
$$(53.69)$$

$$\Delta RNI = -0.71 v_t + 0.63 \Delta RNI_{t-1} - 0.24 \Delta RFS1_{t-1} + z_t \quad (5-2)$$
$$(-2.40) \quad (2.13) \quad (-2.09)$$

其中，v_t 表示对长期稳定的偏差，z_t 是误差项，括号内是相关变量系数的 t 检验值。

表 5-3　　　　　　　　两变量的 Johansen 协整检验

变量	H_0	H_A	t_λ	临界值（5%）	结论
(RNI, RFS1)	$r = 0$	$r \geq 1$	20.29	15.49	$r = 1$
	$r \leq 1$	$r \geq 2$	2.75	3.84	

从式（5-1）中可以看出，农村金融资源总和的系数为 0.65，系数的 t 检验值为 53.69，在 1% 的水平上高度显著，说明农村金融资源总和对农民人均纯收入存在着长期的协整关系，农村金融资源总和的增加对拉动农民人均纯收入增长具有显著作用。从式（5-2）可以看到，前期非均衡 v_t 对农民人均纯收入的增长变动的效应为 -0.71，系数的 t 检验值为 -2.40，这一稳定关系（协整关系）对于保持农民人均纯收入的稳定增长具有重要作用，也就是说，如果一个时期农民人均纯收入水平高于协整关系中的均衡水平，那么在下一个时期农民人均纯收入水平的增长速度会减慢，而如果一个时期农民人均纯收入

---

① 在以下 VAR 模型的估计中滞后阶数的确定都采用这种方法，原因不再赘述。

水平低于协整关系中的均衡水平，那么在下一个时期农民人均纯收入水平的增长速度会提高。前一种情况表明农村人均纯收入的增长如果快于农村金融资源的增长速度，农村金融资源的滞后增长会成为制约农民增收的重要因素，反之，农村金融资源的增长则成为推动农民增收的重要力量。变量 $\Delta RFS1$ 的系数为 -0.24，t 检验值为 -2.09，表明农村金融资源总量的滞后增长会导致随后的农民人均纯收入的反向变化。出现这种现象的原因可能是农民人均纯收入的增长在一定程度上要快于农村金融资源投入增加。从两者的格兰杰因果检验（见表5-4）可以看到，农村金融资源总和的变动要晚于农民人均纯收入的变动，也就是说农村金融资源总和的变动要晚于农民人均纯收入的变动。从总体来看，虽然同期农村金融资源投入会带来农民人均纯收入的增加，但农村金融资源投入滞后于农村人均纯收入的增长在很大程度上削弱了这种影响，因此，长期来看，农村金融资金投入的不足在很大程度上制约了农民人均纯收入的进一步快速增加。虽然前文提到1985—2009年新疆农村金融资源总体呈上升趋势，年均增长17.3%，同期农民人均纯收入年均增长10%，农村金融资源的增长速度总体上快于同期农民人均纯收入的增长速度，但从表5-2可以看到，农村金融资源的增长并不具备持续性，实际上在个别年份还有一定的下降，拉动这种增长的主要是个别年份的高速增长，典型的是农村金融资源直接从1997年的77.85亿元增长到1998年的122.17亿元。

表5-4　　　　　　　　　两变量的格兰杰因果检验

原假设	F统计量	概率
农村金融资源总量变动在格兰杰意义上不能引起农民人均纯收入变动	0.60	0.45
农民人均纯收入变动在格兰杰意义上不能引起农村金融资源总量变动	5.38	0.03

②农村各金融资源对农民人均纯收入的贡献。为进一步系统研究不同农村金融资源对农民收入的影响程度和相关程度，我们再建立由农民人均纯收入（RNI）与财政农业支出（FAE）、金融机构农业贷款（FAL）、金融机构乡镇企业贷款（FEL）、农业保险保费收入（AI）五个变量组成的VAR模型，进行因果检验、方差分解以反映不同农村金融资源对农民收入的影响。之所以将农业保险保费纳入自变量体系，是因为农业保险可以对受灾的农民给予相应的、一定的经济补偿，从而降低农户的损失，相应增加灾年的收入。VAR模型滞后阶数的确定由多元信息准则法完成，检验结果为滞后1阶。

第一，协整检验与农村各金融资源对农民收入的长期贡献。Johansen检验的结果表明，农民人均纯收入（RNI）与财政农业支出（FAE）、金融机构农业贷款（FAL）、金融机构乡镇企业贷款（FEL）、农业保险保费收入（AI）存在着两个协整关系（见表5-5）。

表5-5　　　　　两变量的 Johansen 协整检验及估计

变量	H_0	H_A	t_λ	临界值（5%）	结论
(RNI, FAE)	$r=0$	$r \geq 1$	113.99	69.81	$r=2$
	$r \leq 1$	$r \geq 2$	56.09	47.85	
	$r \leq 2$	$r \geq 3$	23.45	29.79	

刻画与 RNI 对应的协整关系及 VECM 模型公式为

$$RNI = 0AI + 0.41FAE + 0.11FAL + 0.17FEL + v_{t1} \quad (5-3)$$
$$\quad\quad\quad (6.27) \quad (1.55) \quad (8.20)$$

$$\Delta RNI = -0.87v_{t-1} - 0.07v_{t-2} + 0.13\Delta RNI_{t-1} - 0.03\Delta AI_{t-1}$$
$$\quad (-3.96) \quad (-2.21)(0.61) \quad (-1.03)$$
$$\quad\quad -0.24\Delta FAE_{t-1} - 0.01\Delta FAL_{t-1} - 0.17\Delta FEL_{t-1} + z_t \quad (5-4)$$
$$\quad\quad (-2.33) \quad\quad (-0.06) \quad\quad (-3.68)$$

其中，v_{t1} 和 v_{t2} 分别表示在两个协整关系中对长期稳定的偏差，括号内为各变量系数估计的 t 检验值。

从式（5-3）可以看到，农业保险保费收入（AI）对农民人均纯收入没有影响，金融机构农业贷款（FAL）的系数为正，但 t 检验值过低，在 10% 的显著水平上也不能推翻零假设，可以说其对农民收入增长有作用，但这种作用受到了很大的限制；财政农业支出（FAE）和金融机构乡镇企业贷款（FEL）在统计上都是高度显著的，且符号都为正，说明财政农业支出（FAE）和金融机构乡镇企业贷款（FEL）是促进农民收入增长的主要金融资源，并且 FAE 的系数为 0.41 而 FEL 的系数为 0.17，反映出财政农业支出对农民人均纯收入增长有主要作用。

在式（5-4）中，考虑变量的系数符号和显著性，财政农业支出的变动（ΔFAE）、金融机构农业贷款的变动（ΔFAL）、金融机构乡镇企业贷款的变动（ΔFEL）、农业保险保费收入的变动（ΔAI）这四个变量的系数都是负的，说明农村金融各资源的滞后变化会导致随后的农民人均纯收入的反向变化，也就是说，农村金融各资源的变动要慢于农民人均纯收入的变动，在这种情况下农村金融各资源的滞后变动成了制约农民人均纯收入进一步增长的因素。从系数的显著性来看，ΔFAE 和 ΔFEL 的系数在 10% 的显著水平上是显著的，说明财政农业支出和金融机构乡镇企业贷款的增长制约了农民人均纯收入的变化，而 ΔFAL 和 ΔAI 则是高度不显著的，说明金融机构农业贷款和农业保险保费收入的变动对农民人均纯收入的变化几乎没有影响。

从以上分析可以看出，长期来看，影响农民人均纯收入的农村金融资源主要是财政农业支出（ΔFAE）和金融机构乡镇企业贷款（ΔFEL），但这两个变量滞后于农村人均纯收入的增长约束了其对农民增收的推动作用。

第二，方差检验与农村各金融资源对农民人均纯收入的短期贡献。首先对五个变量进行因果检验（见表5-6）。从检验结果来看，农村各类金融资源增长率的变动均对农民人均纯收入的增长没有解释力，但农民人均纯收入的变动似乎有助于解释金融机构农业贷款的变动，也就是说农民人均纯收入的变动影响了金融机构农业贷款的变动。

表5-6　　　　　　　　五变量的格兰杰因果检验

原假设	F统计量	概率
财政农业支出变动在格兰杰意义上不能引起农民人均纯收入变动	1.17	0.29
农民人均纯收入变动在格兰杰意义上不能引起财政农业支出变动	0.63	0.437
金融机构农业贷款变动在格兰杰意义上不能引起农民人均纯收入变动	1.62	0.22
农民人均纯收入变动在格兰杰意义上不能引起金融机构农业贷款变动	4.68	0.04
金融机构乡镇企业贷款变动在格兰杰意义上不能引起农民人均纯收入变动	3.2E-06	0.99
农民人均纯收入变动在格兰杰意义上不能引起金融机构乡镇企业贷款变动	0.99	0.43
农业保险保费收入变动在格兰杰意义上不能引起农民人均纯收入变动	0.003	0.95
农民人均纯收入变动在格兰杰意义上不能引起农业保险保费收入变动	2.04	0.17

我们进一步进行VAR模型的农民人均纯收入变动率方程在超前1~10期的方差分解（见表5-7），在进行方差分解时变量的排序非常重要，在进行了敏感性检验后，发现变量的排序无关紧要。这里采取的排序为

ΔRNI，ΔFAE，ΔFAL，$\Delta DFEL$，ΔAI

表5-7　　　　　对农民人均纯收入增长变动率残差的方差分解

超前年数	由下列变量变化所作的解释				
	ΔRNI	ΔFAE	ΔFAL	ΔFEL	ΔAI
1	100.0000	0.000000	0.000000	0.000000	0.000000
2	81.03019	7.220320	11.01646	0.695602	0.037420
3	80.23100	7.719837	11.19623	0.725195	0.127740
4	80.11843	7.835616	11.18060	0.737769	0.127584
5	80.11078	7.838616	11.18113	0.740396	0.129085
6	80.10276	7.847091	11.18049	0.740540	0.129113
7	80.10207	7.847264	11.18060	0.740786	0.129272
8	80.10157	7.847799	11.18054	0.740818	0.129277
9	80.10153	7.847800	11.18054	0.740839	0.129289
10	80.10149	7.847837	11.18054	0.740842	0.129290

通过表5-7我们可以看到，在超前两年时，金融机构农业贷款变动率的冲击占到了农民人均纯收入变动率变化的11%，财政支出变动率的冲击占到了农民人均纯收入变动率变化的8%，但两年之后这种行为趋于稳定，总体来看，农民人均纯收入变动率、金融机构农业贷款变动率和财政支出变动率之间的相关效应在两年内就消失了，也就是说，它们之间的相关关系无法得到有效的持续，同时其他变量冲击基本对农民人均纯收入的变动没有影响。在这里格兰杰因果检验和方差分解得出了不同的结论，可能因为前者是因果检验而后者是外生性检验，因此后者暗含了一个强烈的约束，即对解释变量的当期和滞后期的冲击不会影响农民人均纯收入变动率方程的当期值；或者说，金融机构农业贷款变动率和财政支出变动率对农民人均纯收入变动率具有当期而不是滞后的影响。这表明，尽管因果检验不显著，但在采用年度数据的情况下，农民人均纯收入变动率、金融机构农业贷款变动率和财政支出变动率之间具有一定的同期关系。

从以上分析可以看到，从长期来看，财政农业支出和金融机构乡镇企业贷款的增长会推动农民人均纯收入的变化，但这种作用受其滞后变动的制约。从短期来看，影响农民人均纯收入变动的除了其自身的因素外，金融机构农业贷款变动率和财政农业支出变动率也对其有一定的影响，但这种影响的持续时间较短，没有较长的稳定性，而农村金融资源的其他变量几乎不起作用。从表5-2中可以看到，在新疆农村金融资源中，主要还是金融机构农业贷款和财政农业支出，尤其是金融机构农业贷款占到了绝对的比重，而虽然乡镇企业的产值到2007年已经占到了农业总产值的一半以上，但金融机构乡镇企业贷款占新疆农村金融资源的比重很小，这也说明了新疆金融机构对新疆乡镇企业的支持力度远远不够。而从农业保险保费收入看，农业保险出现了较明显的萎缩，约束了农民收入的增加。

③对农业产出的贡献。从表5-2中还可以看出，与农业产出相关的农村金融投入与农业总产值也存在一定的同向变动性。在这里，农村金融投入未包含农业保险，因其与产值无关，只与收益有关（灾后赔付）；虽然乡镇企业贷款并未直接作用于农业产出，但乡镇企业的发展与壮大，直接加大了对农产品的需求，①对农业产出的增加有着积极的带动作用。1985—2009年，新疆农村金融投入（RFS2，此处考察的是财政农业投入、农业贷款与乡镇企业贷款）与农业总产值总体上均呈上升趋势。农业金融投入由11.3亿元增加到511.6亿元，年均增长17.2%；同期农业总产值由56.57亿元增长到1 297.61亿元，年均增长13.94%（见图5-3）。

---

① 因为新疆大多数乡镇企业是从事农业生产、农产品加工与流通的，金融机构对乡镇企业的支持、乡镇企业的发展，在一定程度上加大了对农产品的需求，相应增加了产量、产值。

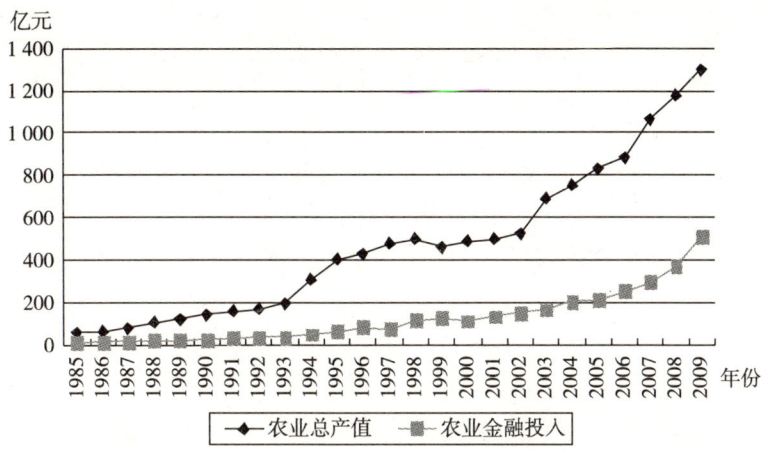

资料来源:《新疆50年(1955—2005)》,北京:中国统计出版社,2005;新疆统计年鉴(2005—2010)。

图5-3 新疆农业总产值与新疆农业金融投入变动关系

在分析不同农村金融投入对农业产出的贡献之前,先对农村金融投入总和(RFS2)对农业总产值(AGOV)的长期贡献进行分析,建立两变量的VAR模型,进行协整分析(Johansen检验)并建立VECM模型,模型的滞后阶数由多变量信息准则法确定。检验表明模型的滞后阶数是3阶。Johansen检验表明两变量之间存在一个协整关系(见表5-8)。

表5-8 两变量的Johansen协整检验

变量	H_0	H_A	t_λ	临界值(5%)	结论
(AGOV, RFS2)	$r=0$	$r \geq 1$	27.33	15.49	$r=1$
	$r \leq 1$	$r \geq 2$	2.62	3.84	

刻画两变量的协整关系及与AGOV对应的VECM模型公式为

$$AGOV = 1.82 + 0.93 RFS2 + v_t \quad (5-5)$$
$$(34.04)$$

$$\Delta(AGOV) = -0.08 v_{t-1} + 0.54\Delta(AGOV_{t-1}) - 0.07\Delta(AGOV_{t-2}) + 0.16\Delta(AGOV_{t-3})$$
$$(-0.27) \quad (1.45) \quad (-0.18) \quad (0.39) \quad (-0.83)$$
$$- 0.30\Delta(RFS2_{t-1}) - 0.07\Delta(RFS2_{t-2}) - 0.28\Delta(RFS2_{t-3}) + z_t \quad (5-6)$$
$$(-0.18) \quad (-0.90)$$

其中,v_t表示对长期稳定的偏差,z_t是误差项,括号内是各变量系数的t检验值。

在式(5-5)中,农村金融投入(RFS2)的t检验值为34.04,系数为0.93,在1%的水平上高度显著,说明农村金融投入对于农业增长具有显著作用。同时,从式(5-6)中我们可以看到,农村金融投入变动的滞后项的系数都是负的，虽然 t 检验值很小，但通过 F 检验发现农村金融投入变动的滞后项在总体上是显著的，这就表明，农村金融投入对农业总产值的贡献受到其滞后项的严重制约，这种贡献并没有协整方程中表现得那么显著。实际上，农村金融投入在一定程度上只是被动地适应了农村经济增长的变化，而不是主动去加大金融投入来促进农村经济的增长。这一点可以从两变量的格兰杰因果检验中得到部分证明（见表 5-9）。从表 5-9 可以看到，农业总产值的变动实际上是先于农村金融投入的变动的。在这种情况下，农村金融投入的滞后变动制约了农村总产值的进一步增长。

表 5-9　　　　农村金融投入和农村总产值的因果检验

原假设	F 统计量	概率
农村金融投入变动率在格兰杰意义上不能引起农业总产值变动率	0.74	0.52
农业总产值变动率在格兰杰意义上不能引起农村金融投入变动率	4.12	0.03

为进一步系统研究不同农村金融投入对农业产出的影响程度和相关程度，再根据新疆 1985—2006 年统计数据建立农业总产值（AGOV）与财政农业支出（FAE）、金融机构农业贷款（FAL）、金融机构乡镇企业贷款（FEL）四个变量的 VAR 模型，进行协整分析（Johansen 检验）并建立 VECM 模型，模型的滞后阶数由多变量信息准则法确定。检验表明模型的滞后阶数是 1 阶。Johansen 检验表明两变量之间存在一个协整关系（见表 5-10）。

表 5-10　　　　四个变量的 Johansen 协整检验

变量	H_0	H_A	t_λ	临界值（5%）	结论
(AGOV, FAE, FAL, FEL)	$r=0$	$r \geq 1$	275.33	15.49	$r=1$
	$r \leq 1$	$r \geq 2$	2.62	3.84	

刻画四个变量的协整方程以及 AGOV 变动的 VECM 模型方程为

$$AGOV = 1.45 FAE - 1.09 FAL + 0.62 FEL + v_t$$
$$\quad\quad (10.27)\quad (-7.12)\quad\ (14.95) \tag{5-7}$$

$$\Delta AGOV = -0.64 v_t + 0.1 \Delta AGOV_{t-1} - 0.59 \Delta FAE_{t-1}$$
$$\quad\quad (-3.73)\quad\ (0.1)\quad\quad\ (-2.53)$$
$$\quad\quad - 0.02 \Delta FAL_{t-1} - 0.07 \Delta FEL_{t-1} + z_t \tag{5-8}$$
$$\quad\quad (-0.16)\quad\quad (-0.87)$$

其中，v_t 表示对长期稳定的偏差，z_t 是误差项，括号内是各变量系数的 t 检验值。

首先看式（5-7），FAE、FAL 和 FEL 系数的 t 检验值分别为 10.27、-7.12 和 14.95，在 1% 的水平上均是高度显著的。从符号和系数的大小来看，FAE、FEL 的系数分别为 1.45 和 0.62 且都为正，表明长期来看财政农业支出和金融机构乡镇企业贷款对农业总产值有显著的正贡献，同时财政农业支出的回归系数为

1.45，远远高于金融机构乡镇企业贷款的 0.62，说明财政支出在促进农村经济发展中的重要地位。但是 FAL 的系数为 -1.09，说明金融机构农业贷款对农业总产值有显著的负影响，在新疆农村金融资源总和中金融机构农业贷款占相当比例的情况下，这种反向作用表现得尤为明显。

再看式（5-8），反映新疆农村金融投入变动的各滞后变量的系数均为负，表明财政农业支出（FAE）、金融机构农业贷款（FAL）、金融机构乡镇企业贷款（FEL）的滞后变动进一步制约了其对农业总产值的增加，尤其是财政农业支出的变动，其 t 检验值为 -2.52，在 10% 的显著水平下显著，表明财政农业支出的变动慢于农业总产值变动比较显著地约束了财政农业支出对农业总产值的贡献。以上分析结果表明，财政农业支出与乡镇企业贷款对农业产出（农业总产值）有比较明显的正影响，即在新疆农村，这两个因素对农业产出增长有较大的贡献，但具体效果如何还需进一步研究；而金融机构农业贷款对农业总产值有显著的负影响，并影响整个新疆农村金融资源的效率。由于农业贷款在新疆农业金融投入中所占的比例很高，因此，要进一步提高新疆农村金融资源的配置水平，增强其运行效率，才能有力地支持农村经济的发展。

④对乡镇企业发展的贡献。在新疆农村经济发展中，乡镇企业在带动农村第一、第二、第三产业的发展中均起到了重要的作用。在各类农村金融资源中，金融机构乡镇企业贷款的作用较为直接。

从新疆 1985—2009 年统计数据可以发现，1998 年以前，乡镇企业贷款与乡镇企业总产值之间存在较为明显的同向变动关系，但 1998 年后这种变动的一致性变弱了（见图 5-4）。

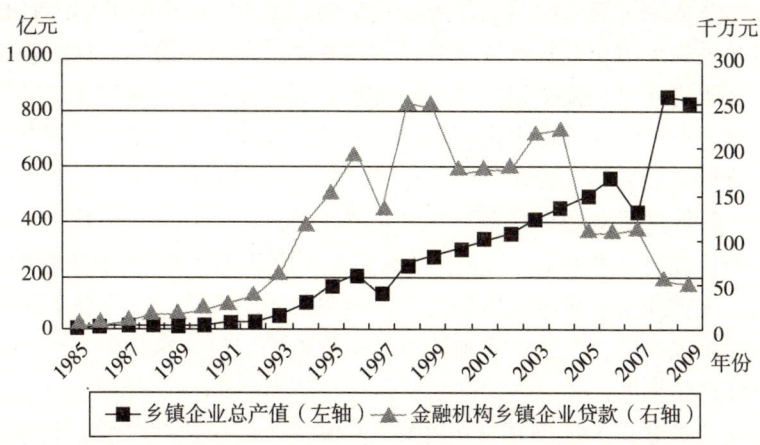

资料来源：《新疆 50 年（1955—2005）》，北京：中国统计出版社，2005；新疆统计年鉴（2005—2010）。

图 5-4　新疆乡镇企业总产值与乡镇企业贷款变动关系

对金融机构乡镇企业贷款（FEL）对乡镇企业总产值（ETOV）的长期贡献进行分析，建立两变量的 VAR 模型，进行协整分析（Johansen 检验）并建立 VECM 模型，模型的滞后阶数由多变量信息准则法确定。检验表明模型的滞后阶数是 4 阶。Johansen 检验表明两变量之间存在一个协整关系（见表 5－11）。

表 5－11　　　　　　　两变量的 Johansen 协整检验

变量	H_0	H_A	t_λ	临界值（5%）	结论
（ETOV，FEL）	$r = 0$	$r \geq 1$	24.02	15.49	$r = 1$
	$r \leq 1$	$r \geq 2$	0.59	3.84	

刻画两个变量的协整方程以及 ETOV 变动的 VECM 模型方程为

$$ETOV = 3.87 + 0.46 FEL + \upsilon_t \quad (5-9)$$
$$(3.96)$$

$$\Delta(ETOV) = -0.42\upsilon_t + 0.21\Delta(ETOV_{t-1}) - 0.24\Delta(ETOV_{t-2})$$
$$+ 0.59\Delta(ETOV_{t-3}) + 0.85\Delta(ETOV_{t-4})$$
$$- 0.49\Delta(FEL_{t-1}) + 0.38\Delta(FEL_{t-2}) - 0.69\Delta(FEL_{t-3})$$
$$(-0.87) \qquad (0.69) \qquad (-1.14)$$
$$- 0.83\Delta(FEL_{t-4}) + z_t$$
$$(-1.29) \qquad\qquad\qquad\qquad\qquad\qquad (5-10)$$

在式（5－9）中，金融机构乡镇企业贷款（FEL）的 t 检验值为 3.96，系数为 0.46，在 5% 的水平上高度显著，说明金融机构乡镇企业贷款对于乡镇企业总产值具有显著作用。同时，从式（5－10）中我们可以看到，乡镇企业贷款变动的滞后项的系数除了滞后两阶项之外都是负的，虽然 t 检验值很小，但通过 F 检验发现金融机构乡镇企业贷款变动的滞后项在总体上是显著的，这就表明，金融机构乡镇企业贷款对乡镇企业总产值的贡献受到其滞后项一定程度上的制约，使得这种贡献并没有协整方程中表现得那么显著。

以上分析结果表明，1996 年以前，新疆金融机构给予乡镇企业的资金支持不断增加，并促进了乡镇企业的发展；但是 1996 年以后，由于国家银行信贷政策调整，贷款投向"非农化"趋势的增强，国有银行乡镇企业贷款数量下降，新疆乡镇企业贷款与乡镇企业发展之间的相关性逐渐弱化。在今后金融资源配置的调整与优化过程中，要进一步加大对乡镇企业的支持，这将会有利于农村经济的有效与可持续发展。

⑤实证结果分析。本书建立五个 VAR 模型，运用协整检验、向量自回归、方差分解等方法分别从不同的角度来研究新疆农村金融资源对新疆农村经济发展的贡献，得出以下结论：

第一，从长期来看，新疆农村金融资源与新疆农村经济发展之间存在协整关系，并且这种协整对于保持农民收入的平稳增长、农村经济的持续发展的作用比较显著。可以说这一稳定关系对保持农民增收和农村经济持续、稳定发展具有积极作用。新疆农村金融资源尤其是财政农业支出（FAE）和金融机构乡镇企业贷款（FEL）对于促进农民增收的作用明显，而财政农业支出更是起到了显著的作用。对于促进农村经济发展方面，新疆农村金融资源尤其是财政农业支出和金融机构乡镇企业贷款对农业总产值的增长有显著的正贡献，而财政农业支出在促进农村经济发展中的地位尤为重要。对于新疆金融机构农业贷款而言，虽然其在新疆农村金融资源中的比重相当大，但无论是对于促进农民收入增长还是在加快农村经济发展方面的作用都有限，如何有效地提高其运行效率是一个重要的课题。可以说，财政农业支出仍是农民增收、农村经济发展的主要推动力。同时，新疆农村金融资源的增长在很大程度是被动适应农村经济增长需要的，农村金融资源的增长总是滞后于农村人均收入的提高和农村经济的发展，这点从新疆农村金融资源与农民人均收入和农业总产值的因果分析中可以明显看到，如何提高各类金融主体对农村微观经济主体融资的积极性是一个紧迫的问题。

第二，新疆农村金融资源的滞后变动对于农民人均收入的增长和农村经济的发展表现出来的是一种制约作用。从五个 VAR 模型的协整分析中我们可以看出，新疆农村金融资源的滞后变动对于农民人均收入的增长和农村经济的发展表现出来的是一种制约作用而不是正向的促进作用。出现这种现象的原因是新疆各类农村金融资源对农业的投入缺乏一种长期稳定的支持，从新疆各类农村金融资源与农民人均收入的方差检验可以看到，各类农村金融资源对农民人均纯收入变动的影响时间很短，最多也就一到两年的影响，说明新疆农村金融资源对农村的支持缺乏一种有效的长效的机制。同时，1996 年以后由于国有银行信贷政策调整，贷款投向"非农化"趋势的增强，国有银行乡镇企业贷款数量下降，国有商业银行县级机构（包括农业银行新疆生产建设兵团分行）在 2000 年以后大量撤并农村营业机构，更进一步加剧了这种长效机制的缺失。

5.2 国有银行与农村信用社农村金融资源的贡献差异分析

由 5.1 部分新疆农村金融资源投入对农业产出贡献的分析可知，二者的相关性不显著，对农业生产支持效应弱化。为了找出其中的原因，我们在此部分将从国有银行与农村信用社的角度来分析农村金融资源对农村经济的影响。本书主要考察二者的农业贷款与农民收入、农业产出的关系。

鉴于数据的可得性，本部分的实证分析从 1994 年开始。从表 5－12 中我们不难看出，总体上农民收入、农业产出与国有银行、农村信用社农业贷款具有同向的变动趋势。但国有银行的农业贷款存在较明显的波动，农村信用社农业贷款与农民收入、农业产出的变动趋势较为一致。

表5-12　　新疆农民收入、农业产出与国有银行、农信社农业贷款

单位：亿元

年份	农民收入（元）	第一产业 GDP	农业总产值	国有银行农业贷款	农信社农业贷款
1994	936	187.69	306.47	28.44	3.09
1995	1 137	240.71	405.73	34.90	6.62
1996	1 290	249.31	430.96	44.48	6.63
1997	1 500	279.73	476.47	37.62	13.69
1998	1 600	291.05	499.24	65.91	17.45
1999	1 473	268.51	461.15	71.12	20.21
2000	1 618	288.18	487.20	61.02	22.72
2001	1 710	288.12	496.81	67.62	31.47
2002	1 863	305.00	525.04	72.08	42.37
2003	2 106	412.90	688.32	70.01	53.02
2004	2 245	446.13	750.68	85.96	63.24
2005	2 482	510.00	831.06	90.10	78.38
2006	2 737	527.80	883.54	103.75	70.72
2007	3 183	628.72	1 063.46	95.91	87.30

资料来源：《新疆50年（1955—2005）》，北京：中国统计出版社，2005；历年新疆统计年鉴；人民银行乌鲁木齐中心支行信贷月报（2006.12，2005.12）；新疆农村信用联社。

为进一步分析国有银行与农村信用社农业贷款与农民收入、农业产出的相关性，下面分别建立新疆农民人均纯收入（RNI）、农业产出（AGOV、AGDP）与国有银行农业贷款（SBAL）、农村信用社农业贷款（RCAL）的多元线性回归模型。①

1. 对农民增收的影响。通过 EViews 经济计量软件，得出如下模型：

$$\ln(RNI) = 6.28 - 0.03\ln(SBAL) + 0.28\ln(RCAL) \quad (5-11)$$
$$\text{s.e} \quad (0.371) \quad (0.122) \quad (0.047)$$
$$t \quad (17.947) \quad (-0.233) \quad (5.919)$$
$$R^2 = 0.961, ADJR^2 = 0.951; F = 98.997$$

从模型中可以看出，国有银行农业贷款在0.05的显著性水平下未能通过 t 检验，说明其与农民收入间线性关系不显著；农村信用社农业贷款与农民收入间

---

① 因为样本量太小，如果用 VAR 模型进行分析，则会面临 VAR 模型参数过多，极大减少样本的自由度，使模型分析结果严重失真的问题，所以这里采用多元线性回归模型，在一定程度上也可以反映数据的本质，下同。

具有较强的相关性，弹性为 0.28。

2. 对农业产出的影响。首先来看国有银行与农村信用社农业贷款对农业总产值的影响。通过应用 EViews5.0 经济计量软件，得出如下模型：

$$\ln(AGOV) = 5.82 - 0.10\ln(SBAL) + 0.27\ln(RCAL) \quad (5-12)$$
$$\text{s.e} \quad (0.667) \quad (0.220) \quad (0.084)$$
$$t \quad (8.731) \quad (-0.463) \quad (3.213)$$
$$R^2 = 0.843, ADJR^2 = 0.804; F = 21.469$$

再看对第一产业 GDP 的影响。回归模型如下：

$$\ln(AGDP) = 5.46 - 0.15\ln(SBAL) + 0.28\ln(RCAL) \quad (5-13)$$
$$\text{s.e} \quad (0.687) \quad (0.226) \quad (0.086)$$
$$t \quad (7.943) \quad (-0.667) \quad (3.253)$$
$$R^2 = 0.856, ADJR^2 = 0.820; F = 23.776$$

从以上两个模型中可以看出，与对农民收入一样，国有银行农业贷款在 0.05 的显著性水平下未能通过 t 检验，说明其与农业产出间的相关性不显著；农村信用社农业贷款与农业产出间具有较强的相关性，弹性分别为 0.27 和 0.28。

5.3 对实证研究结果的简要评述

1996 年《国务院关于农村金融体制改革的决定》提出："建立和完善以合作金融为基础，商业性金融和政策性金融分工合作的农村金融体系。"1999 年初，在清理关闭农村合作基金会时，再次指出要建立上述三种性质金融分工合作、功能互补的农村金融体系。从新疆农村的实践来看，随着农村经济、金融的发展，在新疆基本上形成了合作金融、政策性金融与商业性金融为主体的农村金融资源配置体系。中国农业银行以市场为导向，以经济效益为目标，在农村金融支持中坚持商业化原则；中国农业发展银行通过实行带有政策性优惠的措施，加强了对重点产业、重点项目、重点企业的金融支持；农村信用社则面向广大农村微观经济主体（农户、农村中小及微小企业等）提供各类金融支持。

但实证研究结果与十余年的实践也表明，到 2007 年，农业发展银行支农职能有限，国有商业银行[①]退出县域，导致国有银行对新疆农村经济支持力度下降。自 20 世纪 90 年代后期以来，农村信用社虽然日益成为农村微观经济主体有力的支持者，但由于能力、规模有限，自身负担（不良资产等）较重，存在较严重的信贷资产非农化等现象，其对新疆农村经济发展的支持能力还有待进一步

---

① 中国农业银行县级分支机构虽然保留下来，但事实上已蜕变为"存款行"，基本上已没有独立的授信权，对县域产业化微观主体的支持较以往大大减弱。

提高。

1. 中国农业发展银行。中国农业发展银行从1994年设立到2004年，其对农村经济的作用并不明显，甚至存在的意义已不大（王家传，2004）。之所以这么讲，一是由于其资金有限，业务单一，难以对农村微观经济主体提供必要的金融支持；二是其仅仅起到了"粮棉油收购银行"的作用，在市场化进程不断深入的农村与农业经济中，这种作用也逐步减弱；三是其政策性功能没有充分发挥出来，政策性资金被挪用的现象一定程度上仍然存在。2004年（特别是2007年）后，农发行加大了对产业化龙头企业与农业基础设施建设、农业综合开发等领域的贷款，拓展了业务范围，部分农村中小企业得到了其贷款支持，但广大农村中小、微小企业，特别是普通农户还无法从中得到普遍的资金支持。

2. 商业银行。不论是理论上还是实践上，我们都能发现，我国商业银行的构成是较为丰富的，包括四大国有商业银行（目前已完成股份制改造，本书仍然保留这种叫法）、股份制商业银行、地方性商业银行以及外资银行在华分支机构等。但事实上，除四大国有商业银行外，在经济欠发达的民族地区，农村经济的发展无法得到其他类型商业银行的有效金融支持。在比较利益的驱动下，近年来国有商业银行也大量撤并农村营业机构。虽然农业银行的县级机构数量仍具有较高的保有量，但到2004年也基本上完成达不到保本点的基层营业机构的撤并工作，减少贷款数量，收缩业务范围，为股份制改造作准备。可以说，农业银行的非农化现象在2007年以前也已十分明显。[①]

3. 农村信用社。虽然农村信用社的实力、能力还较为有限，但在新疆农村经济发展中正发挥着越来越重要的作用。至2007年末，新疆农村信用社有1 085家机构网点开办小额信贷业务，有94%的农民得到了新疆农村信用社的贷款。在新疆，农村信用社农业贷款余额占全部金融机构农业贷款余额的比重逐渐提高，2003年以后达到40%以上（见图5-5），2007年达到46.13%；绝对额也不断增加，2003—2007年分别为53.02亿元、63.24亿元、78.38亿元、70.72亿元、87.3亿元。由此可见，农村信用社正逐渐成为新疆农村金融资源配置的

---

① 2007年初的中央金融工作会议确定了农行"面向'三农'，商业化运作"的定位后，农行从当年9月开始选取了八个省开展面向"三农"金融服务试点。截至2006年末，农行涉农贷款余额为9 515亿元，占农行全部贷款余额的30.5%。到2007年末，这两项指标分别为1.27万亿元和37%。截至2008年6月末的数字则显示，农行涉农贷款余额达到了1.36万亿元，在全部贷款中占比达到了40%。在中央金融工作会议明确农行面向"三农"的定位后，农行在一年半的时间内新增涉农贷款4 000亿元。比数字更重要的是，农行初步探索了面向"三农"的服务模式，并且初步建立了"三农"信贷政策制度体系。当然，这种定位如果能够持续并进一步加大力度，那么，今后农业银行的支农能力和贡献将会不断增强。资料来源：蒋云翔. 农行"面向'三农'，商业化运作"的经营模式已经初具雏形 [N]. 21世纪经济报道，2008-07-30。

重要力量。

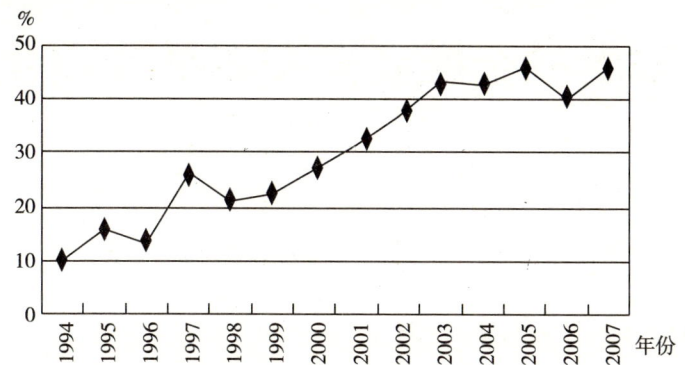

资料来源：根据历年新疆金融年鉴整理。

图5-5 新疆农村信用社农业贷款占全部金融机构农业贷款的比重

6 新疆农村金融资源配置效率弱化分析

6.1 效率弱化表现之一：农村金融资源比重下降

与发达地区相比，新疆农村总体还比较贫困，农业还比较落后。由于新疆农户、农村企业的收入和积累不足，与发达地区还有较大的差距（见表6－1），投资能力有限，完全靠自身积累还不可能满足农村发展需求，因而，农村经济发展需要大量的外部资金的支持，并对现代金融服务产生了越来越大的需求，需要多元化、多层次的各类金融主体提供相应的资金与服务支持。

表6－1　　　　　　　　　新疆、江苏部分指标对比

年份	农户人均纯收入（元）			乡镇企业净利润（亿元）		
	新疆	江苏	新疆/江苏（%）	新疆	江苏	新疆/江苏（%）
2000	1 618	3 595	45.01	19.18	259.56	7.39
2001	1 710	3 785	45.18	21.14	305.91	6.91
2002	1 863	3 996	46.62	22.57	421.1	5.36
2003	2 106	4 239	49.68	26.47	638.47	4.15
2004	2 245	4 754	47.22	30.5	838.98	3.64
2005	2 482	5 276	47.04	29.4	1 111.82	2.64
2006	2 737	5 813	47.08	33.21	1 524.00	2.18
2007	3 183	6 561	48.51	31.89	2 184.48	1.46
2008	3 503	7 357	47.61	56.33	2 575.32	2.19
2009	3 883	8 004	48.51	67.18	3 420.7	1.96

资料来源：新疆统计年鉴（2001—2010）；江苏统计年鉴（2001—2010）。

改革开放以来，虽然政府、银行、农村信用社及保险公司给予农村经济的支持力度不断增强，金融资源配置的渠道不断拓宽，但是在金融资源配置方面仍然存在一定的问题：一方面主要是农村微观经济主体融资问题，另一方面主要是农村金融服务的有效性问题。

新疆绝大多数农产品生产的季节性强，产品相对集中上市，而农产品加工企业则须在短时间内收购足量农产品原料，需要大量的流动资金。在国有银行调整

信贷政策、撤出县域市场的情况下,这方面的矛盾显得格外突出。从图6-1我们可以看出,新疆金融机构农业贷款在1990年以前占到总贷款的10%左右最低仅为4.22%,近几年为7%左右;乡镇企业贷款比重也从90年代中期的1.9%左右下降到2009年的0.13%。此外,在新疆农村金融资源配置中还存在下列一些问题:农村广大中小农业加工企业可用于贷款抵押的资产少,担保难,很难贷到足够的款项;农户小额贷款还存在贷款难现象;农业信用担保工作开展缓慢;部分保险公司考虑到经济利益,对高风险、高赔付的农业保险积极性不高等。

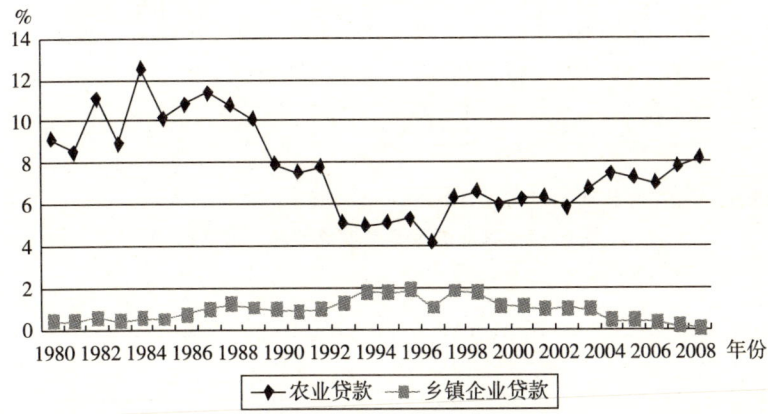

资料来源:《新疆50年(1955—2005)》,北京:中国统计出版社,2005;新疆统计年鉴(2006—2010)。

图6-1 新疆农业贷款与乡镇企业贷款比重

在农业特征明显、经济欠发达的新疆农村,农村经济的增长具有典型的资本拉动型特征。从农业固定资产投资与农业总产值之比可以看出(见图6-2),新疆单位农业产值的增加所需固定资产投资量远远高于发达地区。对农业与农村发展形成支持的金融资源除了来自政府和农户以外,主要源于政策性金融机构、商业性金融机构、合作金融机构及其他金融市场资金。但是在经济转型期间,商业性金融资源不断流出农村,向大城市、发达地区集中,出现农村(农业)金融非农化现象,使得农业金融乘数效应(Agricultural Finance Multiplier Effect)不断下降,降低了金融对农村的支持,导致农村金融资源配置效率下降。

通过与全国平均水平相比较,新疆对农村的金融支持存在的不足就显而易见了。以财政农业支出与金融机构农业贷款之和占农业GDP的比重为例,从图6-3不难看出,1997年后新疆这一指标开始低于全国水平,并且在2003年到2006年差距扩大,体现出对农投入的不足。

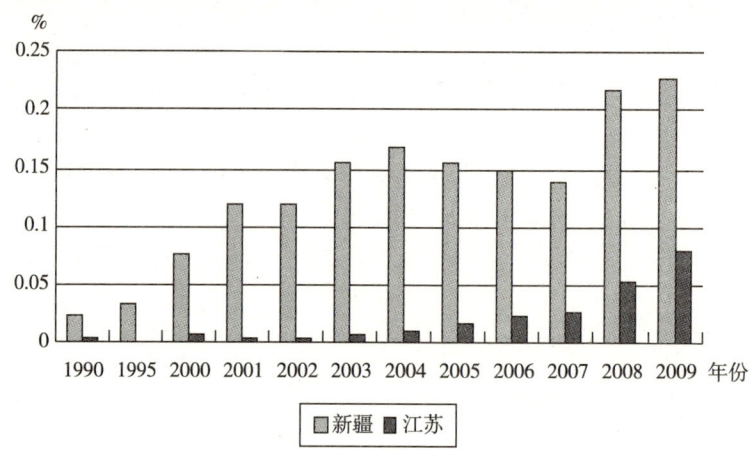

资料来源：根据历年新疆统计年鉴、江苏统计年鉴整理。

图 6-2 农业固定资产投资与总产值之比

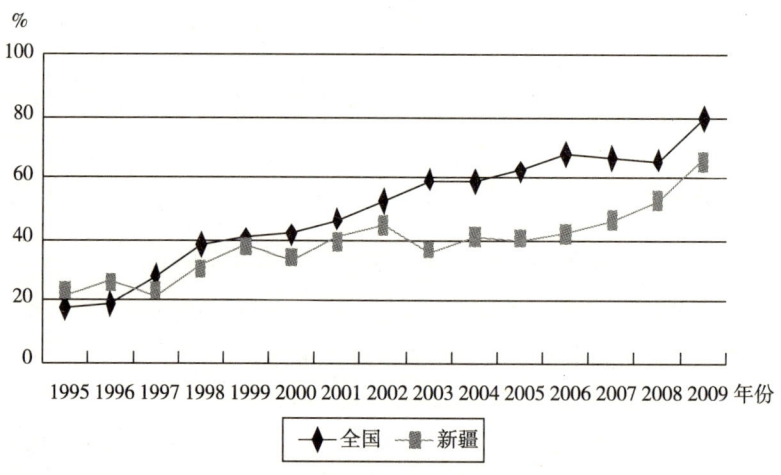

资料来源：根据历年新疆统计年鉴、中国统计年鉴整理。

图 6-3 财政农业支出与农业贷款占农业 GDP 比重

6.2 效率弱化表现之二：农村金融资源逆向流失

与发达地区相比，新疆农村金融机构的规模与数量都较小，以致其金融资产规模与金融服务覆盖率都较低,与经济发达地区相比,差距明显(见表6-2)①。另外,农业与农村领域的金融机构在组织资金来源与组织资金运用方面的"存差"持续增大,导致农村储蓄资源的信贷转换率和信贷利用率不断降低。表6-3及图6-4显示了新疆国有银行与农村信用社存贷款及存贷比的变化情况。

表6-2　　　　　　　　新疆与江苏部分金融数据对比

年份	农业和农村金融机构数（个）		农信社社均存款（亿元）		农信社社均贷款（亿元）	
	新疆	江苏	新疆	江苏	新疆	江苏
2002	2 101	5 899	0.1163	0.3922	0.0585	0.271
2003	1 575	5 797	0.2295	0.5026	0.124	0.364
2004	1 670	5 467	0.2279	0.6036	0.1294	0.4223
2005	1 683	5 100	0.2466	0.6398	0.1314	0.4491
2006	1 627	4 852	0.3068	0.7811	0.1361	0.5509
2007	1 538	4 786	0.3842	0.967	0.2072	0.7099
2008	1 482	—	0.5432	1.174	0.2975	0.8367
2009	1 384		0.7678	1.565	0.4576	1.156

注：农业和农村金融机构包括农业银行、农业发展银行、农村商业银行、农村信用社。由于农业银行兵团分行业务的特殊性,新疆农业和农村金融机构数中未包括农业银行兵团分行。

资料来源：根据历年新疆统计年鉴、新疆金融统计月报与江苏统计年鉴整理。

表6-3　　　　　新疆农村信用社、国有银行存贷款余额变化情况

单位：亿元、%

年份	农村信用社				国有银行			
	各项存款	各项贷款	存差	存贷比	各项存款	各项贷款	存差	存贷比
1991	19.81	6.46	13.35	32.61	282.21	299.59	-17.38	106.16
1992	20.74	7.97	12.77	38.43	336.58	380.26	-43.68	112.98
1993	24.23	9.95	14.28	41.06	397.39	467.81	-70.42	117.72
1994	36.38	16.82	19.56	46.23	555.6	573.92	-18.32	103.3
1995	47.69	24.42	23.27	51.21	714.64	767.06	-52.42	107.34
1996	43.65	24.01	19.64	55.01	890.63	937.94	-47.31	105.31
1997	68.81	29.72	39.09	43.19	1 069.57	1 125.96	-56.39	105.27

① 需要指出的是,在江苏等发达地区,大量的农村信用社改组为农村商业银行与农村合作银行,导致其金融机构数量大幅减少,但是改组后,其金融服务的能力与实力均有相当大的提高。到2007年底,江苏省的农村商业银行机构数达到686家,农村合作银行机构数达到638家。资料来源：江苏统计年鉴(2008)。

续表

年份	农村信用社				国有银行			
	各项存款	各项贷款	存差	存贷比	各项存款	各项贷款	存差	存贷比
1998	74.06	33.75	40.31	45.57	1 189.01	1 218.43	-29.42	102.47
1999	70.14	35.98	34.16	51.3	1 364.59	1 276.73	87.86	93.56
2000	88.41	41.42	46.99	46.85	1 601.77	1 286.64	315.13	80.33
2001	115.37	56.92	58.45	49.34	1 679.51	1 415.71	263.8	84.29
2002	154.65	77.75	76.9	50.27	1 845.56	1 567.16	278.4	84.92
2003	207.51	112.07	95.44	54.01	2 139.97	1 777.91	362.06	83.08
2004	237.2	134.7	102.5	56.79	2 333.50	1 842.23	491.27	78.95
2005	281.07	149.81	131.26	53.3	2 737.91	1 853.33	884.58	67.69
2006	352.2	156.26	195.94	44.37	2 838.40	1 258.25	1 580.15	44.33
2007	408	220	188	53.92	3 109.48	1 308.12	1 801.36	42.07
2008	550.78	301.62	249.16	54.76	—	—	—	—
2009	714.05	425.57	288.48	59.6	—	—	—	—

资料来源：根据历年新疆金融统计月报、新疆统计年鉴整理。

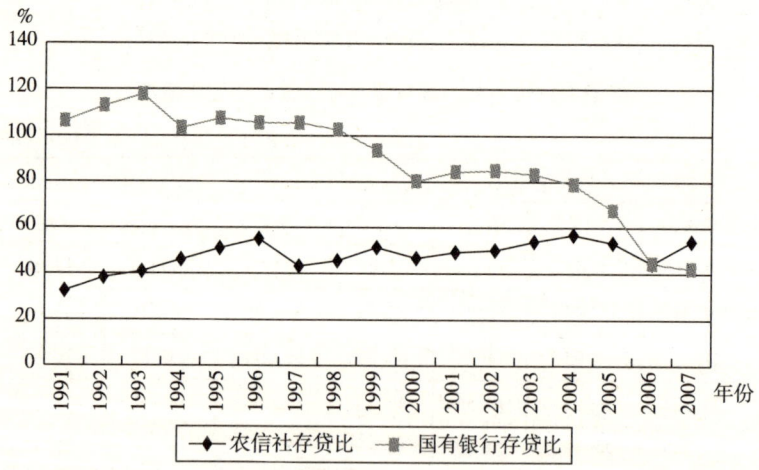

资料来源：根据历年新疆统计年鉴、新疆金融年鉴整理。

图6-4 新疆金融机构存贷比变动情况

不难看出，20世纪90年代以来，国有银行存差总体上不断扩大，存贷比不断下降。1998年后随着国有商业银行商业化程度的不断提高，信贷重点逐渐偏向发达地区、优势行业与大型企业，并且这一趋势日益明显。虽然农村信用社的存贷比呈上升趋势，但增长缓慢，最高水平的2009年也仅为59.6%，仍然较低。存差绝对额则由1991年的13.35亿元增加到2009年的288.48亿元。这些现象表明，新疆农村存在较为严重的金融资源"逆向流动"和"逆向配置"（王永龙，2004；白广玉等，2005）[①]，即农村领域的存贷款类金融资源从农村领域的流出与损失，本书称为逆向流失。其消极效应除了造成金融经济内部的低效率以外，还在于对农村的金融供给弱化。在新疆，农村金融资源的逆向流失成为农村金融资源供给抑制的重要根源，是农村金融资源配置效率弱化的主要表现。

6.2.1 农村金融资源的经营性流失

农村金融资源的经营性流失，是近年来随着银行类金融机构经营理念与信贷政策的变化而产生的，是欠发达地区最为普遍的一种逆向流失现象。其产生的根源主要是两个方面：国有银行的商业化改革与对利润的追求。

20世纪90年代中期以来，新疆的国有商业银行分支机构与各级农村信用社为了追逐更高更多的利润，特别是国有商业银行采取各种方式和途径，收缩小额信贷、农业贷款与乡镇企业贷款，将信贷资金由农业领域转入非农产业领域，由农村转入大中城市，以追求更高的经济利益。从图6-1中新疆全部金融机构农业贷款、乡镇企业贷款占各项贷款比重的变动趋势，我们不难看出近年来新疆农村金融资源经营性流失这一趋势。农业贷款比例在1984年专业银行商业化改革前最高达到12.48%，1997年最低仅为4.22%，2005年回升到7.47%，2007年又微幅下降到7.05%；乡镇企业贷款比例也由1996年最高的1.93%下降到2009年的0.13%。此外，从图6-4我们也可以看出，农村信用社存贷比一直处于较低水平，也反映出其在农村地区放贷积极性不高。总体来看，农村金融资源从基层金融机构向上级机构集中、由农业领域向非农业领域集中、由县域（农村）向大中城市集中的趋势造成了农村金融资源的经营性流失。

6.2.2 农村金融资源的制度性流失

农村金融资源的制度性流失与经营性流失不同，这是由金融政策与制度所造成的农村金融资源的流失现象。

1. 制度与政策导致的流失。经济转型发展以来，国有银行战略规划与信贷政策的调整，使其在农村的业务覆盖面不断下降，其中典型的例子就是基层机构的撤并。2000年底，四大国有商业银行网点数量为2 427个，到2007年底下降到841个（其中农业银行新疆分行由944个下降到243个）。[②] 以农业银行为例，

[①] 白广玉，陈淼. 农业金融资源配置及其效率分析 [J]. 农村金融研究，2005 (10)：39.
王永龙. 中国农业转型发展的金融支持研究 [M]. 北京：中国农业出版社，2004.

[②] 新疆统计年鉴 (2008)、新疆金融统计月报 (2001-12)。

前几年经营战略重心向城市业务转移,很多基层行,尤其是县支行贷款业务萎缩,人员也向机关和上级行流动,基本从农村基层撤出;信贷业务审批权高度集中到省分行和总行,业务流程标准也高度统一,而直接服务"三农"的基层行基本没有经营自主权,面对复杂多样的农村经济和金融需求,县域支行和营业网点很难有所作为。

另外,较为突出的是金融机构证券投资业务增长迅速,以国债投资为例,1994年以前我国国债发行量较小,因而金融机构证券投资只占很小的比例,但1994年后随着我国国债发行量的迅速增长①(见图6-5),新疆金融机构证券投资数量也不断扩大,到2009年末已达到195.34亿元(见图6-6)。这对金融机构来讲,无疑降低了储蓄的贷款转化比率,降低了农村信贷资源的数量,事实上形成了一种逆向流失。

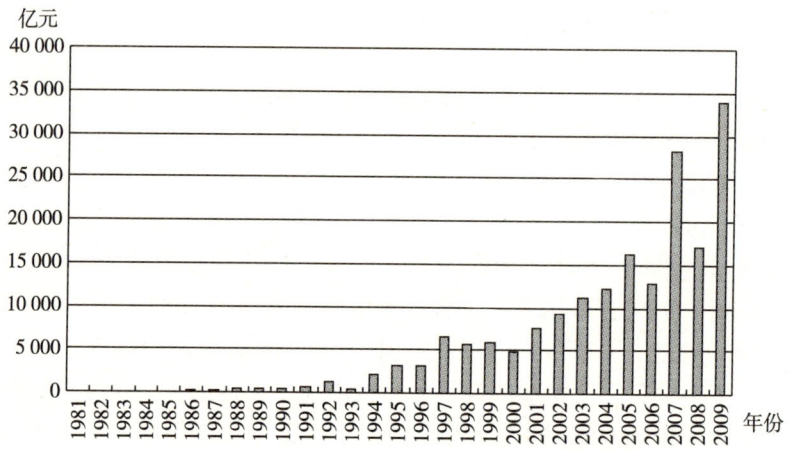

注:1998年的国债包括增发1 000亿元部分,不包括2 700亿元特别国债,1999年的国债规模包括增发的600亿元国债。

资料来源:根据历年中国金融年鉴整理。

图6-5 中国历年国内债券发行量

2. 非银行渠道导致的流失。对于新疆而言,农村金融资源流失的非银行渠道主要包括县域内的邮政储蓄机构与保险机构。在中国邮政储蓄银行成立之前,我国邮政系统"只储不贷",邮政储蓄资金"只上不下"。另外,虽然《保险法》规定我国的保险公司目前可以在规定的范围内从事直接或间接的投资活动,

---

① 除了大量的国债以外,还有大量安全性较高的金融债券发行,吸引了大量银行资金,如2006年,政策性金融债券的发行额就达到9 080亿元;此外,证券投资基金市场也吸收了大量的银行资金,如2006年、2007年的证券投资基金发行规模分别达到6 020.67亿元、22 340.00亿元。

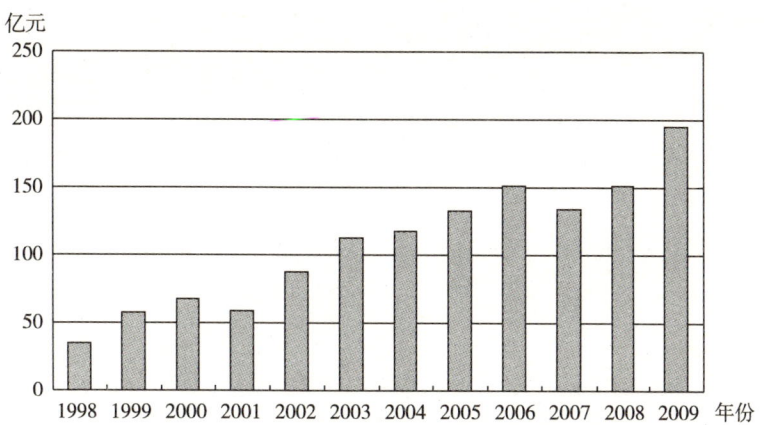

资料来源：历年新疆统计年鉴。

图 6-6　近年来新疆金融机构证券投资规模

但考察新疆保险公司投资活动的实际，可以发现其投资业务的主要领域既不在农业，也不主要面向农村；同时根据规定，县级保险公司所收取的保费必须上交其上级公司，虽然存在一定比例的投资返还，但整体来说，对农村的支持不大，金融资源的流失远远大于注入。

新疆邮政储蓄20多年来业务迅速发展，储蓄余额快速增长，储蓄存款余额从1986年的1 104万元增长到2009年的338亿元（见图6-7）。存款余额居工商银行、农业银行、建设银行、农村信用社之后，列第5位。邮政储蓄存款余额市场占有率从1990年的4.83%跃升到10.69%。截至2009年底，全疆邮政储蓄银行共有607个网点，1 155个汇兑网点，分布在92个县（市），是新疆金融机构中唯一一家网点遍布所有县（市）的金融机构，其中47%的储蓄网点和61%的汇兑网点分布在农村地区。① 2003年8月1日以前，邮政储蓄存款全额转存人民银行，除少量再贷款外，基本上表现出完全的金融资源流失。2003年8月1日，邮政储蓄存款实行新老划段，原有的存款（全国约8 290亿元）继续按4.131%的利率转存人民银行，此后新增的储蓄存款资金由国家邮政局自主运用。虽为自主运用，但是县域内的邮政储蓄机构是没有任何自主权的，而且也很难会运用在农村领域。

2008年1月28日，中国邮政储蓄银行新疆分行在乌鲁木齐挂牌成立，2008年3月，启动小额贷款业务。小额贷款业务的开办，是继新疆邮政储蓄推出定期存单小额质押贷款之后，为广大小企业主和农户开辟的一个新的贷款渠道。虽然

---

① 二十年灿烂历史画卷：在改革发展中前进的新疆邮政储蓄. 国家邮政局邮政汇局，http://www.cpsrb.com.

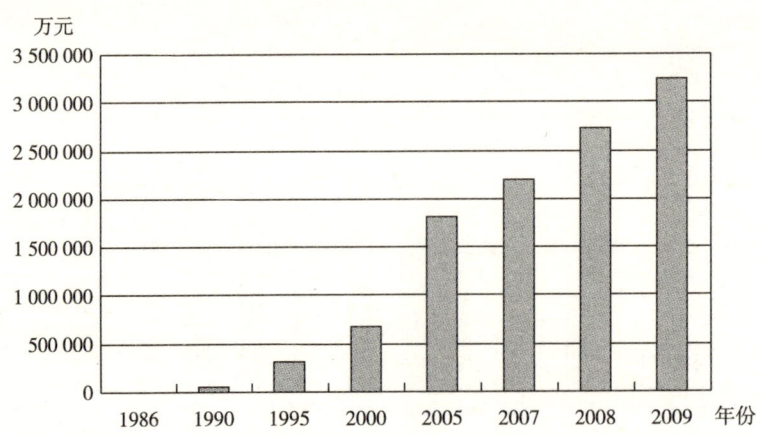

资料来源：历年新疆金融统计月报。

图 6-7　新疆邮政储蓄余额

2009年通过邮政金融网络从城市汇往农村的资金达到28亿元，但其支农能力还有待提高。

在新疆，保险领域也存在类似邮政储蓄机构的问题。在保险市场中，由于其很少在农业领域与县域从事投资活动，因此，保费与赔付差额在某种意义上体现了农村金融资源的流失。以新疆农业保险为例，图6-8直观地表述出资金流失的过程与程度：1990年以前，农业保险不但没有使得农村金融资源明显减少，个别年份还有增加；但进入90年代，就形成了不同程度的流失，2007年以后更为明显。

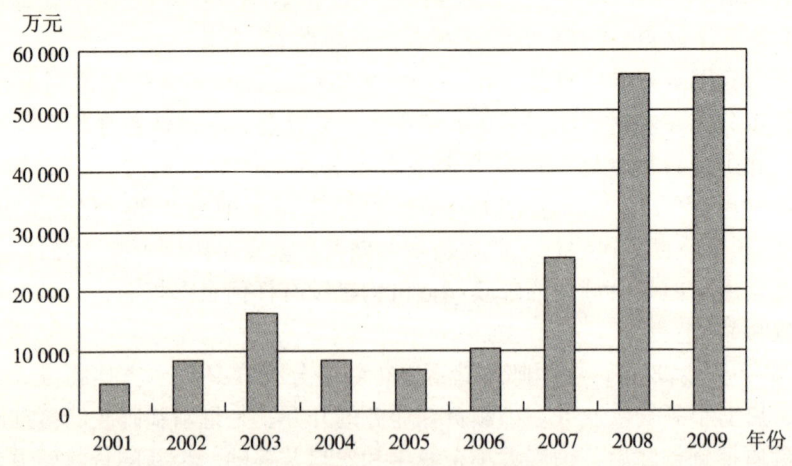

资料来源：历年中国统计年鉴、新疆统计年鉴，中国人民保险公司、中华联合财产保险公司。

图 6-8　新疆保费理赔差额

6.2.3 农村金融资源的漏损性流失

顾名思义，漏损包括两层含义，一是农村金融资源的漏出，二是农村金融资源的损失，二者都形成了农村金融资源的流失。

本部分的漏出是指金融机构的体制缺陷所造成的金融资源从新疆农村领域的流失。例如，农村金融机构的法人治理结构缺损与监管失效等，必然导致一定范围内的金融犯罪和金融腐败行为的发生，这些行为一旦发生，都将在不同程度上产生金融资源流失。损失则是指金融机构不良资产的形成，使得金融机构实际金融资源流失，其产生的原因很多，既有经营性的因素，如信用风险；也有非经营性的因素，如道德风险。

我国金融系统，特别是基层金融系统（如农村信用社），长期以来，由于法人治理结构缺损、内控机制不健全以及体制性腐败问题的存在，加之金融监管部门流于形式、监管不严等现象，金融犯罪与腐败现象滋生蔓延，给金融机构造成重大的损失，一定程度上形成了金融资产的流失。据统计，我国金融系统每年因为管理人员或从业人员的犯罪或腐败所产生的损失平均为 1 000 亿元以上，其中农村地方性金融机构的犯罪或腐败行为尤为严重。[①] 以新疆哈密一农村信用社为例，会计王凤霞、出纳尉萍等人从 2002 年到 2004 年，以储蓄存款不入账方式进行资金账外循环，累计账外吸收存款 1.89 亿元，账外支付 5 900 多万元，大量资金被挪用，涉嫌侵占、挪用巨额资金，涉案金额达 1.4 亿元。到 2004 年 9 月王凤霞失踪时，账目资金少了 2 000 多万元。2004 年，城郊信用社新西分社 4 名职工伙同他人，内外勾结，致使 1.45 亿元人民币神秘消失。[②] 此后一系列问题的出现，最终导致 2007 年 6 月中国银监会依法撤销哈密市四家农村信用社，这是新中国成立以来全国第一个被撤销的县市级金融机构。

同时，由于经营不善，新疆农村金融机构所产生的不良资产比率也较高，资产的损失在相当大程度上也加强了农村金融资源的流失。2004 年 4 月至 9 月，新疆维吾尔自治区审计厅组织地州审计机关对全疆 21 个信用社（其中，11 家县级法人联社、9 家乡级法人社、1 家市级法人社）2003 年度资产质量和经营状况开展了专项审计调查。报告显示，贷款风险高度集中，容易形成潜在损失；21 家信用社平均资本充足率仅为 5.91%；各项贷款余额中不良贷款占 21.28%。[③]

---

① 拉孜克·买买提，张玉民. 法人治理结构缺损与体制性腐败：农村信用社案件研究 [J]. 金融研究，2002 (6).

② 1.4 亿元金融黑洞是如何形成的 [N]. 新疆日报，2005 – 08 – 05.

③ 转发自治区审计厅关于全区部分地州农村信用合作社 2003 年度资产质量和经营状况审计调查报告的通知 [BE/OL]. 天山网，http：//www.tianshannet.com.cn，2005 – 03 – 29.

6.3 效率弱化表现之三：农村金融资源供给不足

在农村经济发展过程中，金融服务需求是多种多样的，这些需求的产生主体主要为农户和各类中小甚至是微小企业。① 从一些实际调查结果来看，农村需求主体的金融服务需求包括信贷需求、储蓄需求、保险需求、结算需求、汇兑需求，等等（何安耐等，2000；路晋明等，2003；冯兴元，2004）。在众多的金融需求中，信贷需求无疑是重点。从信贷需求来看，农户和农村企业这两类需求主体的信贷能力具有鲜明的多层次特征，不同层次的需求，需要不同的金融组织和不同形式的金融供给来满足。② 然而在新疆农村经济发展过程中，还存在较严重的金融体制不完善、金融政策不配套现象，特别是微小企业与普通农户贷款比较困难，农业、农村投资力度不够，这与建立完善的农村金融体系尚有一定差距。

1. 贷款额度较小。新疆维吾尔自治区农调队的抽样调查显示，2000年到2007年，全疆农户从银行与农村信用社的贷款人均分别为188元、248元、222元、344元、351元、341元、559元、663元，③ 户均仅为2500元左右，资金满足率在60%~70%。农村中的生产、加工、流通企业的融资问题也较为严重，以乡镇企业平均贷款数量来看（见表6-4），近年来平均贷款额度不断下降，2009年仅为1322元左右，这与其在新疆经济中的地位（如乡镇企业增加值占全疆GDP的5%左右）是不相称的。

表6-4　　　　　　　　新疆乡镇企业部分指标

年份	乡镇企业平均贷款量（万元）	乡镇企业贷款占全部短期贷款比重（%）	乡镇企业增加值占全疆GDP比重（%）
2000	0.5431	1.91	5.47
2001	0.5297	1.84	5.44
2002	0.5754	1.77	5.66
2003	0.6144	2.03	5.46
2004	0.6053	1.93	5.24
2005	0.2897	0.93	5.06
2006	0.2899	0.92	4.95
2007	0.2947	0.91	5.02
2008	0.1477	0.46	4.56
2009	0.1322	0.33	5.16

资料来源：新疆统计年鉴（2001—2010）。

---

① 在部分地区，农民中介经济组织与地方政府也是金融服务的需求者，但农户与企业还是主体。
② 冯兴元. 我国农村中小企业融资问题与对策 [BE/OL]. http://www.usc.cuhk.edu.hk, 2004-10-26.
③ 新疆统计年鉴（2001—2008）。

2. 贷款环节较复杂、严格。由于信息、理解等方面的原因，农户与企业难以应付复杂的贷款手续，加之贷款需求具有很强的时间性，烦琐的程序往往会贻误时机，造成贷款"过时"的现象（李人庆、张军，2000），因此，广大微观主体，特别是普通农户，希望贷款业务在办理时能够简便、灵活、快捷，以满足其需求特性。近年来新疆农户与农产品生产、加工、流通企业的经济状况不断改善，但总体上与发达地区的企业和农户收入相比还有较大的差距，在贷款时，可用于抵押担保的资产十分有限，特别是急需贷款的企业与农户，迫切希望降低放贷标准，但这又与金融机构的制度与管理相违背。

3. 业务种类难以满足中小微观主体需求。新疆特色林果种植业、大牲畜养殖业、特色农产品精深加工业等对资金的依赖具有长期性特点，但是当前农户贷款通常是"春放秋收"，企业贷款（如乡镇企业贷款）也通常是短期流动资金贷款，这就造成了金融机构对农户与中小企业资金支持不力的现象。对这样的微观主体而言，资金数量可能不需很大，但其迫切需要农村金融机构提供期限在1年以上的长期贷款业务，与生产周期相适应，满足产业化经营的需要。与此同时，新疆各类农民中介组织也不断壮大，到2006年底，全区共有农民专业合作经济组织1 123个，会员人数41.07万人，带动农户42.27万人；从服务形式看，以提供生产资料供应和技术、信息服务为主，进行产前、产中、产后的全程服务。① 随着近年来越来越多的中介组织加入到现代农业经营中，其对金融服务的需求也越来越强烈。在此背景下，广大农户、农民中介组织与中小企业除了对传统金融业务需求不断提高以外，对于合理的农业保险、快捷的汇兑、现代的理财等业务的需求也逐渐产生并增强。

因此，在新疆各级财政紧张、支持有限，农户自身积累不足、收入不高、生产性投入较低的前提下，健全商业性、政策性、合作性金融机构与制度体系，健全农村金融市场融资与服务体系，就显得十分重要与迫切。

6.4 新疆农村金融资源配置效率弱化的原因

在新疆，农村金融配置体系因为长期面临经常性的市场缺陷、机构刚性、金融产权模糊、信贷歧视、政府干预等诸多因素的制约而陷入效率弱化状态。

1. 传统金融机构体系与农村经济发展不相适应。从新疆独立的支农金融机构体系来看，由于农村经济的弱质性、城乡"二元"分割等条件的存在，农村地区的盈利性投资变得十分稀缺。在这样的背景下，国有商业银行的贷款权被逐

---

① 新疆自治区农业厅. 新疆自治区农民专业合作组织建设与发展情况 [EB/OL]. 中国农民专业合作社网，http://www.cfc.agri.gov.cn, 2007-12-06.

步上收，国有商业银行经营战略的转移，使其对农业的服务功能减弱，对农业领域的投入比例不断下降。中国农业发展银行最初在功能设计方面只是一个粮、棉、油收购资金供应的银行，其资金封闭管理，业务单一，远不是完整意义上的农村政策性银行，对农村的支持十分有限。农村信用社由于自身实力有限，且在新疆还未成为一个完整的组织体系，加之治理结构等方面的先天不足，功能还未充分发挥出来。此外，政策性农业保险处于被边缘化的境地，商业性农业保险的经济补偿机制对农村经济的支持几乎丧失。这样，农民受灾的损失主要依靠政府的农业灾害救济。而这种农业灾害救济的方式，既受到财力限制，也不适应农村经济发展对农业保险产生的新需求。[①]

2. 农村微观经济主体的信息非完备性。信息的完备，包括充分与对称，是制度有效性存在的基础性前提，完备信息条件下的均衡合约是每一个当事人希望的理想状态。但是现实中，金融机构与农村微观经济主体关于资金借贷方面的信息是非对称的且是非完备的。按照博弈论的解释，在不完全信息情况下，事件产生的后果往往具有不确定性（风险）。在农村借贷市场，这种不确定性（风险）更多的是发生在金融机构一方，因而对金融机构来讲，为了避免风险，自然就降低了贷款的额度与频率。

与此同时，在新疆农业、农村金融领域中，信息环境与经营理念和发达地区相比，也有着较大的差距。受教育、文化、观念、交通、通信以及金融机构技术条件的限制，新疆农村金融信息的公开性和透明度极低，特别是其中有关农村微观经济主体金融支持的政策性信息，对广大农户与企业来说，在多数情况下实际上处于"无信息"状态。课题组在新疆农村调查时发现，农村中小企业、农户对相关金融支持政策知之甚少，甚至一无所知。可以说，信息的非完备性是农村微观经济主体有效信贷需求无法满足的主要因素之一。

3. 县域金融机构的恶性竞争与资金的非农化问题。县域各类金融机构为了提高自己的盈利性，在吸收储蓄和增加信贷投放两个方面展开竞争。在吸收存款方面，为了增强吸储能力，它们可能采取各种手段和措施，如提取回扣、赠送礼品等方式，变相提高利率；在发放贷款方面，则将重点集中在拉拢或争抢为数不多的优质、大型项目。从经济效益的角度看，金融机构的信贷政策与取向十分正常，无可厚非，但在新疆县域，其结果导致有限信贷资源的配置扭曲。在大量欠发达县（市），由于大型、优质项目十分有限，[②] 大量被吸收的存款资源不能够及时转换为投资资本（甚至是非农资本），而转存上级机构。

[①] 高勇等. 农村金融体系的制度缺陷及政策建议 [J]. 统计与决策，2006，2（下）：62.

[②] 在新疆，国家贫困工作重点县（市）27个，区定贫困工作重点县3个，占所有县（市）的1/3以上。

与城市相比，农村的经济基础较为薄弱，因而对金融具有更迫切的需求和更强的依赖性。但是，由于农业具有比较效益低、风险相对高等弱势，资本形成效率整体水平不高，不可避免地使社会资金自发地由农村流向城市，资本流向呈现出"马太效应"（高勇，2006）。新疆农村贷款的非农化与城市化现象日益严重，造成了农村发展所需的金融资源日益萎缩。

4. 金融治理缺损导致农村金融资源配置机制效率损失。在新疆农村，农村信用社与农业银行基层行是最主要的金融机构。农村信用社是建立在合作制产权基础上的治理结构，农业银行分支机构是建立在授权基础上的治理结构，基础虽不同，但都实行以委托—代理关系为轴心的控制权配置机制。理论上，委托人总希望代理人能够按照自己的意愿实施经营行为，但在所有者缺位的情形下，在信息不对称、不充分的条件下，代理人有机会滋生投机行为，逐渐和对其有利的利益体（有时包括地方政府）形成"利益共谋"机制，导致基层金融机构的经理人为高盈利的利益体、上级机构或地方政府服务比为农村经济服务更积极，为地方行政服务比为地方农业生产服务更积极，不同程度地滋生了体制性腐败。

5. 对基层金融机构的财政、税收与金融等政策支持不够。基层金融机构有时承担了部分政策性业务，但却无法及时得到政策性补贴，如20世纪80年代后期到90年代中期的保值储蓄、农户小额贷款等，这些业务给农村金融机构带来了大量的不良资产，农业银行可以核销不良资产，但农村信用社却一直背负着一些政策性的损失。税费方面也存在着政策支持不力的现象，如农村信用社贷款业务，在某种意义上具有政策性，并非以利润最大化为目标，但部分地区仍按商业银行标准征收营业税与所得税，或虽有减免，但幅度有限。农业银行基层行虽是商业银行，但考虑其业务及功能的特殊性，在税收政策上也应特殊对待。政策支持不足导致其为了弥补亏损、增加收益，就只能"自力更生"，那么农村金融资源的流失也就不难理解了。

以上这些问题的存在，最终导致新疆农村金融资源一定程度上的无效率供给，即供给规模有限或供给结构不合理等所导致的供给不能满足需求。也就是说，从表面上看，新疆县域各类金融机构都存在，且各类金融机构都不断地向农村微观经济主体提供信贷资金的支持与金融服务，但其能力与效率却十分有限，且存在着不同程度弱化的现象，从而导致了新疆农村金融资源配置效率的弱化。

7　新疆农村微观经济主体金融需求分析

现阶段，新疆农村微观经济主体主要包括农户、农村企业（以中小企业、微小企业为主）和农村经济合作组织三类，其中农户是农村最主要也是最重要的微观主体。目前，由于新疆所拥有的各种资源禀赋处于劣势地位（欠发达市场、信息不畅、交通不便、语言障碍、观念滞后等），存在着大量收入和消费水平都较低的农户，农村经济合作组织和农村企业发展相对较滞后，具体体现在组织和企业的成熟度上，农村经济合作组织主要表现为其功能的发挥有限，而农村企业主要体现在企业管理和盈利能力方面，管理落后，盈利能力弱。同时，农村经济合作组织和企业发展的不成熟也影响农民收入的进一步提高，两者相互影响、相互促进。

农村地区微观经济主体都有不同程度的金融需求，由农村的经济现实来看，农户是农村的主体，农村微观经济主体的金融需求也主要表现为农户的金融需求，农户金融需求的有效满足不仅可以促进农户全面发展，也有利于农村经济合作组织的壮大和功能的全面发挥，且在一定程度上能促进农村消费市场的发展，给农村企业的发展创造空间，实现农村地区的经济、社会和谐。

7.1　农户金融需求

在近几年大力发展农村经济的政策导向下，新农村建设不断深入，各种支农、惠农政策有效实施，农村经济结构优化调整，农村产业发展不断升级，农村的经济和社会生活发生了翻天覆地的变化，农民的生产与生活也随之发生了根本性的变化，农户的经济行为呈现出多样化的特点，农民就业不再局限于农业生产，外出务工和从事农村第二、第三产业经营成为许多农民的就业选择，在农户的家庭收入稳步增长的同时，其收入来源也更为复杂和多样，这决定了农户的消费习惯和消费内容也与以往不同。

农户经济活动的多样性决定了其经济行为上的多样性，因此，在农户追求自身良性发展过程中，其不同的经济行为会产生不同的金融需求，除了基本的存贷款需求，农户对结算、汇兑、金融咨询、租赁、信托、保险、信用卡等金融服务均已有或逐渐产生需求。随着经济条件和自身综合素质的不断改善，农户对金融服务的需求范围会更为广泛。目前，从新疆农户的发展现状来看，农户的信贷需求是促进农户收入增长的最为重要也是最急迫的金融需求。

以下的实证研究基础是2007—2008年进行的新疆农户金融需求调研活动的成果。这次调研目标是新疆农户，全疆共发放问卷360份，其中有效问卷326份，具体调查地区问卷发放数量如图7-1所示。

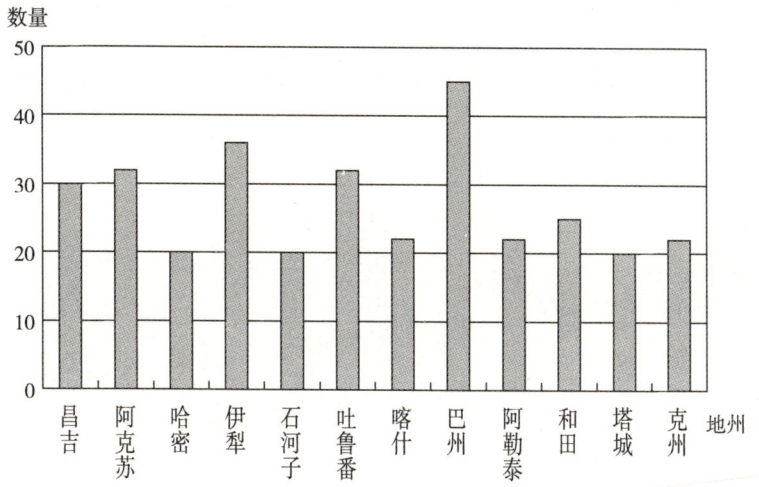

图7-1 调查地区农户问卷发放数量图

从图中看出，调查问卷涵盖了新疆南北疆12个地州市，经济水平较高农户[①]在全部样本农户数中占比21%，中等农户占比53%，低收入农户占比26%，抽样调查的农户经济状况符合正态分布，这说明该调查样本能较好地代表新疆农户的一般水平并能反映新疆农户的金融需求现实。

新疆是一个多民族地区，不同民族间的传统习惯差异较大，体现在金融需求方面也有所不同。如在以前，少数民族的信贷需求意愿较弱。改革开放以来，由于新疆农村经济发展较快，多民族文化和经济不断交流与融合，在政府的大力宣传下，少数民族群众金融方面的需求意愿也越来越强烈。调研发现，汉族和其他民族的金融需求没有明显的差异性。以下的实证分析是包括汉族和少数民族在内的新疆农户整体金融需求状况的分析。

7.1.1 样本农户经济特征分析

1. 样本农户的基本特征分析。在所调查的样本农户中，农户家庭人口总数

---

① 调查样本农户的经济水平分为高、中、低三个层次，仅说明样本农户在该地区的相对经济水平，不代表样本农户在新疆农村整体农户中的经济水平。

一般介于3~9人，家庭人口的平均规模约为4.5人，平均每户家庭有劳动力约2.7人，家中有2~3个劳动力的占比较大，在全部样本农户家庭中占到了75.4%。

样本农户中，户主的年龄在25~72岁，平均年龄约为45岁，农户的户主多为36岁到50岁之间，这一方面与部分民族地区喜欢与祖父辈共居有关；另一方面，由于外出务工和年轻人向城镇流动定居的逐渐增多，农村年轻劳动力缺乏。样本农户年龄分布如图7-2所示。

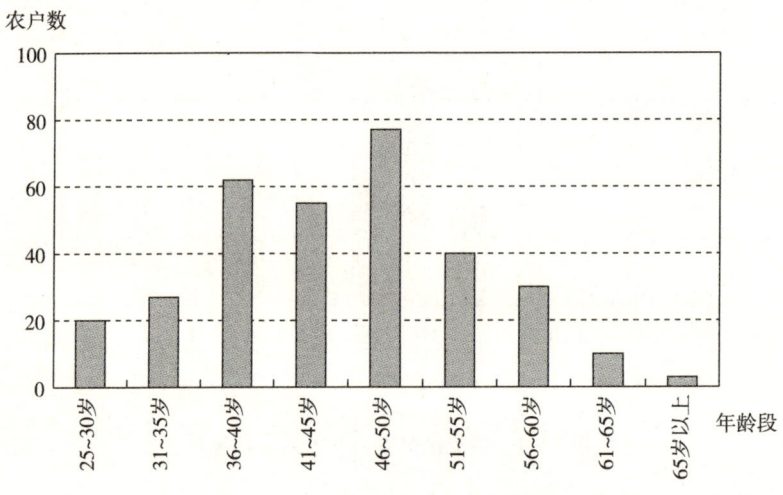

图7-2 样本农户户主年龄分布状况图

从户主受教育程度上看，样本农户的平均受教育年限仅为7.5年，也就是说大部分农户只有初中文化水平（40岁左右的农户户主只有小学五年级文化水平），还有一些农户从没有上过学，样本农户中最高受教育年限为13年，即为高中水平，这说明样本农户的户主受教育水平较低，而这会影响农户的经营行为，从而在一定程度上会影响农户的收入。

2. 样本农户的经济特征分析。从样本农户从事的行业结构看，从事种养业的农户较多，以种植业为主的农户比例为58.7%；以畜牧业为主的农户比例为7.9%。从事非农产业的农户比例为19%，这部分农户中的一部分通过本地或异地务工谋生，另一部分在农村的政府部门或事业单位工作，已不从事农业生产；另外，部分农户除了从事种植业，还从事一些小型的加工业和服务业等第二、第三产业，如在当地开办小型加工厂或经营餐饮业等，收入呈现出多元化的趋势，这部分具有多种经营特征的农户占比为14.3%。

调研发现，样本农户平均家庭财产约为4.5万元，这包括住房及家中的耐用消费品的价值，住房的价值占家庭财产的比重最大，但农村的住宅用地属于集体土地，并不能转让。从此可以看出，样本农户并没有多少可供抵押的物品。①41%的农户家中没有生产性资产，有59%的农户拥有简单的生产性资产，如中小型的农机具、小四轮车和畜力车等。当然，一些经营规模较大的农户所拥有的农用机具价值较大，有的生产机具价值达几十万元。总体来说，拥有生产性资产的农户的平均生产性资产价值约为2.56万元。

所调查样本农户家庭收入内容主要包括工资性收入、经营性收入、财产性收入、转移性收入、国家补助收入和投资性收益六项收入，数据反映的是2006年的收入状况。拥有各项收入的农户数在总农户中所占比例如图7-3所示。从图中可以看出，农户的收入来源呈现出多样化趋势，94.2%的农户有经营性收入，即从事种养业取得的收入；45.4%的农户拥有工资性收入，即在本地（或外地）务工取得的收入或在非企业组织劳动所得；拥有其他收入的农户占全部农户的比例共计为8.6%，尤其是投资性收益在样本农户收入中占比极小，只有1.5%。这主要是样本农户缺乏投资意识和投资能力所致，另外，投资渠道不畅也是一个重要原因。从农户各种收入值的平均水平看，平均收入为39 574元，其中工资性收入为5 984元，经营性收入32 408万元，财产性收入平均为119元，转移性收入为512元，国家补助收入为39元，投资收入为511元。如果在样本农户中扣除农业大户，则农户的收入水平要远低于上述数值。

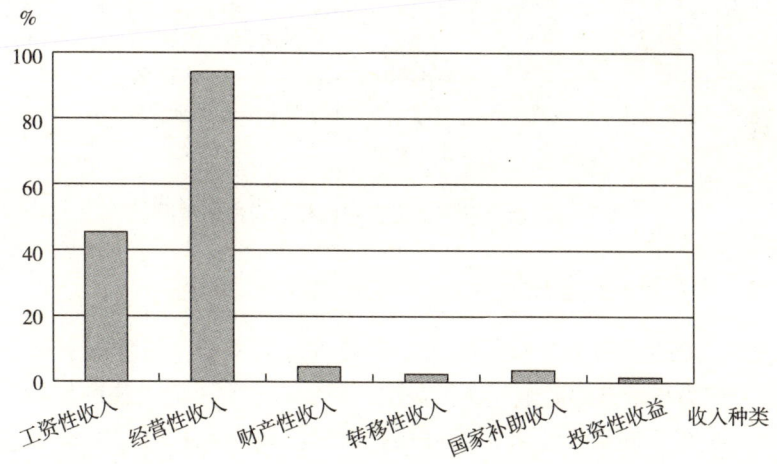

图7-3 拥有不同收入的农户占样本农户比例图

农户支出大部分是传统形式的支出，主要包括经营性支出、生活费用支出、

---

① 由于所调查农户文化水平限制，有些农户不能说清楚家中具体拥有物品的真实价值，所以数据与实际有些出入，但大体可以反映农户的经济现状。

转移性支出、上缴国家支出①和农业保险支出五项支出,数据反映的是 2006 年的支出状况。如图 7-4 所示,大部分的农户都有经营支出和生活费用支出,89% 的农户有经营性支出,所有的农户都存在生活费用支出,而有其他支出项目的农户比例较小,尤其是有农业保险支出的农户占比很小,只有 3.06% 的农户有保险费用支出,这说明,农业保险在农户的经营中防范风险的作用是很小的,这制约了农户的经营与发展。此外,从农户各种支出值的平均水平看,农户的主要支出为经营和生活费用支出,而日常开支、教育支出和看病支出是生活费用支出的主要内容。样本农户的平均支出水平为 30 429 元,其中,经营性支出平均为 11 758 元,生活费用支出为 17 579 元,转移支出为 472 元,上缴国家费用为 609 元,农业保险费支出为 10 元。

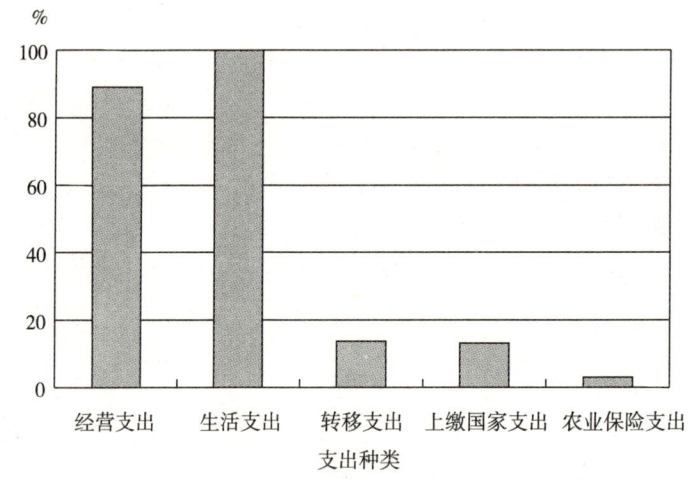

图 7-4 拥有不同支出农户占样本农户比例图

7.1.2 农户金融需求分析

1. 农户信贷需求分析。从新疆农户的经济现实来看,信贷需求是农户金融需求中最为重要和紧迫的需求,调研显示,新疆农户存在着大量的信贷需求。样本农户中,近 80% 的农户过去都借过钱,而且,如果现在因为各种原因需要用钱,94.03% 的农户都表示会借钱,仅有 19 户样本农户认为存款够用而没有借款意愿,而绝大多数样本农户由于生产与生活开支,存在着各种各样用途的信贷需求。

---

① 这里的上缴国家支出主要是个别农户由于开荒产生的各种费用,包括水资源使用费、土地承包费、植被补偿费等支出,此外,还有一些普通农户的义务工费用支出,大部分样本农户没有此项费用支出。

不同收入水平的农户信贷需求有所不同,这主要体现在需求规模和内容上。调研中发现,在信贷需求的数量上,高收入的农户对信贷的需求数量大,一般在10万元以上,最高可达百万元以上,这种农户在样本农户仅占7.11%。中低收入的农户对信贷的需求数量较小,大部分农户的信贷需求在3万元左右,3万元以下信贷需求农户的比例约为67%,5万元以下信贷需求农户的比例约为82.8%。由此可以看出,新疆农村的大部分农户的信贷需求在数量上呈现出小额度特征。新疆样本农户信贷需求量如表7-1所示。

表7-1 样本农户信贷需求量表

信贷需求数量	5 000元以下	5 000元~1万元	1万~3万元	3万~5万元	5万~10万元	10万~50万元	50万元以上
农户数量(户)	19	86	73	43	27	14	5

需要指出的是,作为调研对象的一些农户由于多种因素影响,不能清楚表达自己大致的信贷需求,所以,样本农户中只有267户提供了数据,但也可以反映现实情况。很明显,农户的贷款需求与农户本身的经营能力有关,经营能力主要体现在农户所拥有的家庭财产状况、劳动力数量,农户的文化水平、思想认识水平、技能水平,对政策和市场的把握能力,等等。

在信贷需求内容上,高收入农户的信贷需求多为扩大再生产,购置大中型农机具和解决生产中临时流动性不足而产生的生产性需求;而中低收入的农户信贷需求除了基本的生产需求,更多体现在非生产领域,如教育、医疗、婚丧、买建房等消费性信贷需求。样本农户总体信贷需求内容如图7-5所示。

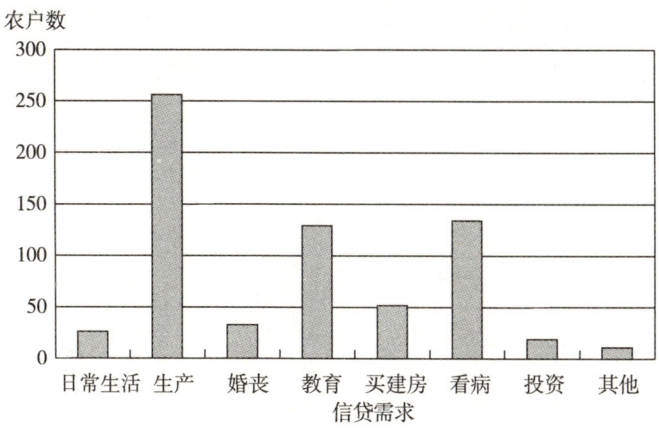

图7-5 样本农户信贷需求图

从调研结果中可以看出,由于农户生活标准较低,且有一部分储蓄存款,对于日常生活用款产生的信贷需求较少,仅有26户;对种养业生产或者从事县域经济的第二、第三产业所引致的生产性信贷需求是最多的，达256户；同时，孩子上学和看病引起的基本消费信贷需求也较大，教育产生的信贷需求有129户，医疗产生的信贷需求有134户。有一些较富裕农户还有一定的投资需求，如购买商铺和承包土地。此外，有极少的较富裕农户还存在一些高消费的信贷需求，如购买家用轿车等。

调研中还发现，部分农户的信贷需求比较特殊，一些农户的需求不是生产和生活所引致的信贷需求，而是一种心理防御需求，即为了不露富而故意借贷，不愿让村里人和亲戚朋友知道自家有存款。还有一些农户持有特别的观念，即存款的偏好，认为应该把自己的货币收入剩余（农户自称为"救命钱"）存起来，只利用贷款进行生产经营，这种现象在某些调查地区还较普遍，可能是一种潜在的违约心理表现。

2. 样本农户对借款利率的可接受水平及还款意愿。调查显示，样本农户对利息水平的接受程度呈现多样性，大部分的农户可以接受银行的贷款利率，对利率水平不太敏感，但有少部分农户对利率水平较敏感。对利率水平不敏感的多为对经济发展前景看好、自身的经营能力也较强的农户；而那些对利率水平敏感的农户多为没有借贷习惯的农户、偏好亲友借款的便利且不用还利息的农户。调查结果显示，大约65%的农户可以接受5%～10%的利率水平；约10%的农户只能接受5%以下的利率水平；约19%的农户可以接受10%以上35%以下的利率水平；约6%的农户由于观念与能力问题，不能接受支付利息，所以只选择向亲友借款。具体如图7-6所示。

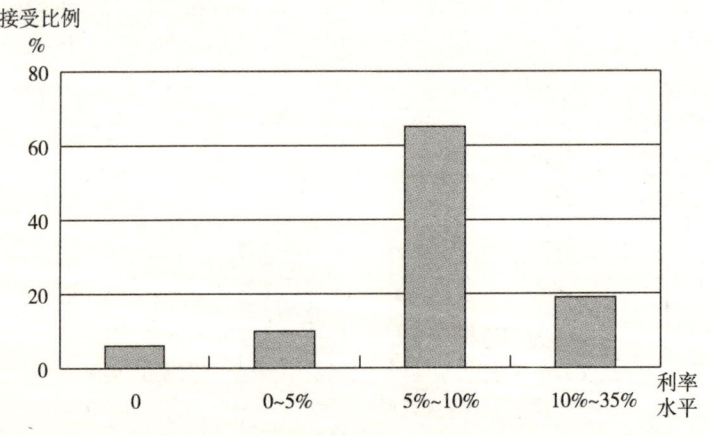

图7-6 样本农户对利率的接受程度图

就农户的信用状况来看，农户的信用意识和还款意愿比较好，对农户的调查显示，受调查农户几乎没有不还贷款的想法，大部分农户认为，即使借钱或变卖家庭财产也要偿还贷款。这种信用意识状况在一定程度上要归功于近两年农信社在农村开展的信用工程建设，农信社通过对信誉好的农户在贷款期限和贷款金额等方面提供优惠条件强化了农户的还款意识，让农户认识到，对于缺乏可抵押资产且一直被商业银行的信贷政策边缘化的农民来说，信誉也许是支持其经济发展的最宝贵的资源。

3. 农户其他金融需求。随着新疆农村经济的不断发展，农户的生活水平也有了较大的改善。就样本农户的存款需求来看，样本农户存款数量有限，多在3万元以下，其中许多农户的储蓄存款仅在1 000元以内，还有四成的农户没有任何存款。由于自身积累有限，有存款的农户多为活期储蓄存款。农户的存款主要用于平时生活支出、购买生产资料、看病和孩子上学，并且，对于大多数农户来说，现有的存款远不能满足其支出需要，如进行农业生产、医疗和教育支出对于许多低收入农户而言还存在一定的缺口。

农户日常的结算需求多为存取款、汇款和购买国债等较为简单的需求，而对于金融其他形式的需求，如租赁、信托、金融咨询等需求极少，在调研中还没有发现有这样的需求，这主要与农户的收入水平和金融素质水平相关。调研发现，样本农户中，42%的农户对银行提供的金融服务品种都不太了解，一些农户只是了解简单的存贷款业务，还有36%的农户对金融服务一点都不了解。当然，调研也发现，农户对金融服务方面的信息还是非常感兴趣的，78%的农户表示想接受该方面的培训，认为该方面的培训对今后的生产和投资是有帮助的。

农户对农业保险的需求较大，现有的农业保险远不能满足农户生产经营的需要，样本农户中参加农业保险的农户仅占全部农户的15.3%，大部分农户还没有参加农业保险。参加了农业保险的农户认为现在的农业保险还不能真正起到保障作用，也有些农户认为农业保险的品种太少，且保险费太高，赔付又太少，经营风险无法有效规避，损失无法被有效补偿，容易导致农户因灾致贫。

4. 农户金融需求的满足途径。农户的金融需求满足途径根据需求的不同而有所不同。信贷需求的满足途径较多，而如结算、保险等其他的农户金融需求的满足一般限于正规的金融机构，因为只有正规金融机构能够提供这些金融服务。满足农户金融需求的农村正规金融机构主要有县域内的各金融机构，如农行、农信社、保险公司和其他国有商业银行，为农户提供最全面金融服务的主要是农信社。从数据上看，农信社农业贷款中的80%都是针对农户的，且农信社的存款大部分也是农户的存款，所以说农信社是向农户提供金融服务的最有力的金融机构。

农户信贷需求的满足途径主要有以下三种：①农户向私人借款，包含向亲朋邻居和私人借贷组织借款。农户向前者借款不用支付利息或支付较少的利息，而要向后者借款要支付高于银行贷款利率水平的利息。调查显示，有意愿向私人借款的大部分农户倾向于向亲朋邻居借款,借款行为界定在急需用款且金额不大时,理由是比较方便。②农户向正规金融机构贷款。农户一般选择向农业银行和农村信用社贷款,贷款方式主要有两种:一种是传统的信贷方式,即担保贷款形式;另一种是创新型的小额信贷形式,即参加了农户资信等级评定并享有一定信用额度的农户可以用贷款证和信用等级证在当地的农村信用社贷款,农户也可以通过 5~10 户的联保形式申请取得贷款。这两种贷款对于大部分缺少担保能力的农户来说,是最现实也是最有效的贷款方式。③某些非政府机构开展的小额信贷。在新疆的个别地区,一些非政府组织正在开展农户小额信贷项目,如中国妇女发展基金会在新疆博乐开展的小额信贷项目,其发放对象是少数民族妇女,目的是通过对妇女进行信贷支持以促其发展。再如在福海县开展的联合国 LPAC 项目即"贫困地区儿童规划与发展项目",旨在提高妇女素质、儿童生活质量和改善当地生存环境。这些项目大多在新疆个别地区执行,不具普遍性且规模有限,但对项目实施地受益农户的发展起到积极促进作用。

通过对调查数据的分析发现,农户对贷款途径的选择有一定的先后顺序,如表 7-2 所示。

表 7-2　　　　　　　　　　农户借贷优先顺序表

	第一顺序农户数	第二顺序农户数	第三顺序农户数
农村信用社	155	86	15
商业银行(农行)	42	34	57
亲朋好友	119	84	9
集体或协会	2	29	6
私人借贷组织	3	2	4

从农户贷款选择顺序中可以看出,农村信用社是农户首选的借款对象,其次是亲朋好友。首选农信社的农户认为,农信社能够基本满足他们的借贷要求,且农信社借贷方便,不欠人情。大部分农户认为,农信社真正是农民自己的银行。选择向亲友借款的部分农户认为,对于应急的开支找亲友借款方便快捷,不涉及银行那么多烦琐的手续,同时,没有利息支出也是农户选择向亲友借贷的一个重要因素。一般来说,向亲友借款都是应急的短期借款,临时支用,而且大部分能很快归还。部分地区的农户也将商业银行作为贷款的主要对象。如果向前三者的借贷仍然不能满足需要,很少一部分农户会选择向私人借贷。在北疆一些经济较发达地区,由于资金需求旺盛,而当地正规金融的信贷供给远不能满足需要,所以向私人借贷较普遍。但是在南疆的一些经济发展水平一般的地区,一方面因为农信社对农户的支持力度较大,另一方面因为当地农户的信贷需求较小,所以向私人借贷的现象相对较少。

7.1.3 小结

通过以上对新疆农户金融需求的分析,得出以下一些结论:

第一,由于家庭财产的有限性及变现困难,农户的担保能力严重缺乏,对无须担保的小额信贷需求较强烈,且处于需求大于供给,部分需求得不到满足的状况。

第二,农户已享受的金融产品供给偏少且与农户的实际需求存在一定的错位。

第三,农户金融需求所依赖的农村征信体系覆盖率不高,其建立和完善还有很长的路要走。

第四,农户在金融服务方面的知识还比较欠缺,而且由于农业保险的滞后发展和农户社会保障制度的不完善,其面临各种各样的经营风险没有相应的规避和补偿机制,这些都在一定程度上抑制了农户的金融需求。

从新疆农村发展的现状来看,农户未来的金融需求会随着农业结构的调整和生产方式的转变而不断变化。随着新产品和新技术的应用推广和更高效集约化的生产方式的普及,农户具有发展多种经济产业的意愿,农户的需求内容会有所变化,将呈现出多样化和层次化的特征。例如,近些年新疆实行的节水农业增加了农户对节水设施贷款的需求,畜牧业推广的暖棚技术和在许多地区实施的设施农业项目使得农户增加了相应的信贷需求。此外,将有越来越多经济状况较好的农户产生金融投资方面的需求,如证券和基金等方面的需求。面对农户金融需求的现实情况和以后可能出现的金融需求,有针对性地进行金融产品供给及创新才能更好地促进信贷供给和需求的良性发展。

7.2 农村经济合作组织金融需求

7.2.1 农村经济合作组织现状

农村家庭联产承包责任制虽然极大地解放了农村的劳动生产力,调动了农户的生产积极性,但是,随着农村经济的快速发展,这种以家庭为单位的经营活动不利于实现农业的集约化和规模化生产,且农户在激烈的市场竞争中也处于市场劣势。为了弥补农户在市场经济中的这种劣势,农村经济合作组织应运而生。

农村经济合作组织是由从事同类产品生产、经营的农民、企业、组织和其他人员自愿组织合作,并在技术、资金、信息、购销、加工、储运等环节实行自我治理和经营,以提高产品竞争力为目的的经营机制。这种由农户自我组织、自我管理、自我服务、自我受益的农村经济合作组织是适应现代农业和新农村发展方向的一种新型的经济合作组织，可以提高农户的组织化程度和市场竞争力，改变农民在市场经济中的弱势地位。十六届五中全会通过的《中共中央关于制定国民经济和社会发展第十一个五年规划的建议》指出："鼓励和引导农民发展各类专业合作经济组织，提高农业的组织化程度。"

在新疆，农业是重要支柱产业，新疆农业要实现产业化、技术化、规模化离不开农村经济合作组织的发展。农村经济合作组织把市场信息与农户生产联结起来，通过农户的联合生产，① 使分散的家庭生产模式转向集团生产模式。农村经济合作组织代表农户参与市场，与企业进行交易，形成了以"龙头企业+经济合作组织+农户"为代表的组织形式，极大地减少了农户的交易成本和市场风险。正是这种新型的组织形式给农户带来了实惠，在新疆农村地区，农村经济组织在近些年迅速发展起来。

近年来，新疆农民专业合作社数量剧增。截至2009年底，新疆共有农民专业合作社2 311个，是2007年的4.5倍，其中在工商部门登记注册的合作社2 133个。成员数达15.1万户，比2007年增加7.9万户，增长109.7%。农民专业合作社带动非成员农户45.4万户，比2007年增加34.5万户，增长316.5%。2009年全区农民专业合作社统一组织销售农产品总值11.25亿元，统一购买农业生产投入品总值2.6亿元，入社农户增收在20%以上。培训成员和农民13.9万人。从组织的性质及发展途径看，主要有民间自办、政府部门和民间合办等几种形式，在产业上已涉及农业各个领域和生产、加工、销售等环节，其组织体系已覆盖新疆绝大多数乡村，有效推动了新疆农村产、加、销一体化进程。

当然，还应看到，新疆的农村经济合作组织还处于发展初期，且在全疆各地发展水平不均衡，在经济较发达地区，农村经济合作组织涉及领域较广泛，业务开展全面，组织体系相对完善，带动力较强；而在经济欠发达地区，农村经济合作组织数量相对较少，联结机制不强，参与人数较少，对农户的增收作用还不明显。总体来说，新疆农村经济合作组织还普遍存在融资能力欠缺、组织化程度不高、形式单一、管理制度不健全、内部运行机制不完善、组织内管理人才匮乏和稳定性较差等问题。目前，农村经济合作组织对于新疆农业结构调整、产业升级和现代农业体系的建立影响有限，还有很大的发展空间。

7.2.2 农村经济合作组织的金融需求分析

随着我国金融机构市场化改革的不断深入，其逐利性经营目标必然导致农村地区金融供给主体的缺失，这在很大程度上影响了农村经济的全面发展，尤其是农村微观经济主体的金融服务缺失更为严重。新疆农村经济合作组织作为新疆农

---

① 这种联合生产包括产前生产资料的购买、产中管理和产后的销售等贯穿整个产业链的联合。

村微观经济层面的一部分，与农户和农村的小企业相比，在金融供给方面，其地位更加边缘化。

随着农村经济的不断发展，新疆农村经济合作组织作为联结以家庭为单位的小规模生产与社会化大市场的纽带，其良性发展对农民经济行为的影响也将越来越大。当然，随之而产生的金融方面的需求也相应增加。但是，新疆农村经济合作组织还处于发展初期，由于自身发展和金融环境的制约，其发展过程产生的金融需求还没有被各金融机构所重视，所以我们针对农村经济合作组织的特点进行金融需求分析，以期为未来对其有针对性地提供金融服务、促进其良性发展提供参考。

新疆农村经济合作组织主要是为区域农户服务的，所以其面临的金融需求也与农户经营中面临的金融需求相关。农村经济合作组织最重要的功能是服务，其金融需求多是在服务过程中衍生出来的需求。如农户面临的金融需求主要有信贷需求、结算需求、汇兑、保险需求等，那么农村经济合作组织也面临着同样的金融需求，但不同于农户的金融需求，其金融需求的规模和内容有着自身的特点。

经调研了解到，新疆农村经济合作组织中运作成熟的很少，其发展中面临的金融需求在数量和内容上也相应呈现出单一的特点，即其金融需求主要表现为信贷需求，结算需求也是其金融需求的主要内容，其他的金融需求相对较少。

以焉耆县北大渠乡的养鸡协会为例，该协会于2000年成立，协会不仅为成员提供养鸡技术，进行技术培训，而且协会的服务几乎涉及养鸡的产供销过程的整个产业链，协会对会员实行鸡苗统一购进、流动资金统一协调、统一防疫、饲料的统一购买、蛋禽统一销售"五统一"服务。协会在为其成员进行统一产购销服务时，经常面临内部运转资金短缺的困境，但是由于协会没有固定的经营场所，没有可抵押资产，又不是独立法人，所以向银行贷款很困难，其经营中面临的短缺资金经常由协会负责人自行垫付或向内部人借款，这在一定程度上影响了协会的正常发展。此外，协会所需资金一般为购销环节中产生的短期流动性资金。随着协会成员规模的扩大，在统一购销时的运输费用较大，协会准备自购运输工具，却面临着资金的困境，所以目前协会也产生一定的中长期信贷资金需求。除此之外，由于目前银行系统的结算通道较通畅，协会的结算需求一般可以满足。北大渠乡的养鸡协会具有一定的代表性，其所面临的金融需求反映了新疆大多数农村经济合作组织的现实情况。

在调研中发现，新疆农村经济合作组织为成员提供的周转资金多为短期资金，且由于农村经济合作组织的组织化程度不同，其信贷规模差异也较大。发展不太成熟的农村经济合作组织，其信贷需求规模较小，一般在10万元以内，且多为短期流动性资金需求。如博湖县本布图镇富民蔬菜专业合作社面临的最大困难就是资金,许多农民都要求收购蔬菜时直接付现金,这就要求合作社必须有大量的流动资金,但是对于刚刚起步的合作社来说,很难实现;组织化程度较高的农村经济合作组织,信贷需求规模较大,高的可达上百万元,不仅有流动性资金需求,而且用于固定资产投入的中长期信贷需求也较旺盛。

由于农村经济合作组织在产供销环节服务中,涉及与外地的业务联系,相应的结算需求就显得越来越重要,不过结算手段多是采取较为简单的结算方式,即主要使用现金结算。此外,农村经济合作组织的带头人对于金融知识的了解还处于初级水平,这也是导致其结算方式单一的主要原因,所以对于农村经济合作组织的领导者,对金融知识的掌握也是较急迫的金融需求。

新疆农村地区的金融机构中针对农村的微观经济主体进行信贷支持的最主要机构是农村信用社,新疆农村经济合作组织作为农村微观经济主体之一,其融资途径也主要是农村信用社和民间金融。但是,从新疆农信社2007年底的信贷规模来看,新疆农村经济合作组织的贷款余额总量在农信社的贷款中占比很小,仅占新疆农信社贷款总量的3.9%,且有相当一部分为坏账。在新疆农信社贷款中,农村经济合作组织的贷款坏账占农村经济合作组织贷款总量的35%,即农信社对农村经济合作组织的贷款中有1/3以上为坏账。[①] 由于农业基础薄弱,农村经济合作组织处于初始阶段,缺乏经验和经济实力、规模较小、联结机制不强、组织制度的不健全、无担保抵押品、组织成员的素质不高等缺陷在一定程度上抑制了正规金融机构对其金融需求的满足。

7.2.3 小结

未来农村经济合作组织的金融需求,会随着一些农村经济合作组织实力和影响力的扩大而呈现多样化,如对相关资产保险的需求,对金融期货、金融租赁、汇兑、投资、结算等更高层次的需求也会产生。但是,到2009年,新疆农民经济合作组织的金融需求还处于原始开发阶段。

随着农村经济合作组织的发展,其在农业现代化和新农村建设中作用会越来越明显,所以针对其运行特点,由地方政府给予一定的政策优惠和初始运作资金的支持非常重要,并且地方金融机构应以新的评价标准对农村经济合作组织进行信用评价,尝试给予一定额度的信用贷款支持,把其纳入农村信用体系中,以促进其更好地发展。

---

① 根据新疆农村信用社联社调研资料整理计算。

7.3 乡镇企业金融需求

7.3.1 乡镇企业及其发展概况

1997年1月1日颁布实施的《中华人民共和国乡镇企业法》规定，乡镇企业是指"农村集体经济组织或者农民投资为主，在乡镇（包括所辖村）举办的承担支援农业义务的各类企业"。农村集体经济组织或农民投资为主是指其投资超过百分之五十，或者虽不足百分之五十，但能起到控股或者实际支配作用。其范围包括乡（镇）办企业、村办企业、联户办企业、户（私营、个体）办企业，以及这些企业之间或者这些企业与国有企业、城镇集体企业、私营企业以及外资等多种经济成分联合投资建立的企业。随着农村经济的发展，乡镇企业的内涵也不断扩展，最显著的特征是乡镇企业的主体已不是传统意义上的公有制经济为主体的集体乡镇企业，如雨后春笋般成长起来的农村个体私营企业即民营企业成为乡镇企业的绝对主体，这些企业90%以上是农村的中小企业，可以说非公有制经济中的农村中小企业已成为乡镇企业的主体。

近些年，中央提出了科学发展观指导下的现代农业和新农村建设的农村发展方向，中央的各项支农惠农政策不断实施。在此背景下，新疆乡镇企业呈现出跨越式的发展势头，其经济效益、运行质量、整体素质均有了显著提高。截至2007年末，新疆共有乡镇企业37.74万个，企业人数达103.7万人，实现营业收入677.67亿元，年均递增19.28%；增加值176.75亿元，年均递增21.36%；实现利润53.16亿元，年均递增24.29%；税金22.84亿元，年均递增17.13%。乡镇企业支付职工工资达67.47亿元，新疆农民人均从乡镇企业获得工资性收入665元，比上年增加50元，占全区农民人均纯收入的21.11%。[1] 新疆乡镇企业的发展速度高于全国平均水平1.3个百分点，对新疆农村社会增加值的贡献达到40%。[2]

此外，新疆乡镇企业中非公有制经济成分的发展值得关注，截至2006年末，乡镇企业非公有制经济达36.70万家，占乡镇企业总量的99.18%；从业人数94.97万人，占乡镇企业总量的95.89%；完成增加值145.49亿元，占乡镇企业总量的99.95%；营业收入557.67亿元，占乡镇企业总量的96.04%。从乡镇企业产权结构上看，集体企业占6.52%，股份合作企业占0.16%，联营企业占1.13%，有限责任公司占21.57%，股份有限公司占2.17%，私营企业及其他占

---

[1] 中国乡镇企业协会信息网，http://xh.cte.gov.cn/。
[2] 2006年新疆乡镇企业经济运行分析情况通报，2007-02-10。

68.45%。从企业规模上看，乡镇企业平均企业人数约为 3 人，规模以上企业达 494 家。其中，营业收入达亿元以上的企业 4 家，5 000 万元以上的企业 80 家，1 000 万元以上的企业 360 家，① 乡镇企业中的 99.8% 为农村中小企业。由以上分析看出，乡镇企业中的非公有制经济无论从规模还是从结构上看都已成为新疆乡镇企业的主体力量和重要经济增长点。

新疆乡镇企业发展成为农村经济发展的重要组成部分。首先，乡镇企业成为地方财政收入和农牧民收入持续增长的重要来源；其次，乡镇企业有效地转移了农村剩余劳动力，拓宽了农村劳动力的就业途径，保证了农村地区的稳定；最后，乡镇企业促进了农业产业结构的调整，有力地推动了农业产业化进程，是新农村建设的重要支撑。当然，还应看到，新疆乡镇企业在发展过程中仍然面临许多的困难和问题：首先，新疆乡镇企业多为劳动密集型企业，企业规模有限，人员整体素质不高，技术进步缓慢，经营理念落后；其次，一些乡镇企业资源消耗大，对环境保护的投入少，可持续发展能力有待提高；最后，由于现行农村金融制度安排还存在"信贷配给"与"信贷歧视"，同时在实施经济发展赶超战略时偏好规模经济，乡镇企业在制度安排中处于相对弱势地位，② 难以从正规金融体系内融资，"贷款难"现状依然困扰乡镇企业的进一步发展。

为了促进乡镇企业的更好发展，应从金融视角出发，对不同类型和规模的乡镇企业的金融需求特征进行分析，实现金融服务的有效供给，促进新疆乡镇企业整体的良性发展，优化新疆农村第二、第三产业结构及规模，③ 促进新疆农民本地就业，增加农民收入，促进县域经济发展，增加地方财政收入，逐步达到新农村建设的各项要求。

7.3.2 乡镇企业金融需求现状分析

1. 乡镇企业的首要金融需求为信贷需求，中小乡镇企业信贷需求尤为迫切。新疆农村乡镇企业的最大经营目标是获取利润，限于主客观条件，新疆农村地区多数乡镇企业内源融资条件差，只能通过向外部融资来加快企业自身的发展壮大。新疆农村规模较大乡镇企业的外部信贷支持条件相对较好，但这类乡镇企业的数量相对极少，据统计，2006 年，规模以上乡镇企业个数仅为 494 家，其中亿元以上的企业只有 4 家。乡镇企业中的大型企业一般为地区的龙头企业，通过

---

① 2006 年新疆乡镇企业经济运行分析情况通报，2007 - 02 - 10。
② 李季刚. 新疆乡镇企业信贷支持实证研究 [J]. 新疆财经，2008 (1).
③ 合理的产业结构及规模必然是金字塔形的，即中小企业的数量应占绝大多数，中小企业涉及行业应更多样化。

对乡镇企业的调研和参照中国人民银行乌鲁木齐中心支行对新疆 201 家龙头企业①的金融需求分析可知，大型乡镇企业的金融需求主要表现为信贷需求，虽然其通过正规金融途径的信贷需求满足率相比中小企业较高，但是多数创业初期的大型乡镇企业仍存在着流动资金不足的困境，尤其在农产品收购季节存在短期流动资金缺口，即使通过信贷、财政扶持、企业内部融资和民间借贷等途径融资，仍不能满足农业生产的短期经营需求，存在着一定的季节性资金缺口。此外，企业扩张所需的长期资金也面临一定的融资缺口。

下面，以新疆农产品加工中小企业的调研为例，来看新疆中小型乡镇企业的信贷需求被满足情况。人民银行乌鲁木齐中心支行对147家中小涉农企业的调查显示，70%的企业处于发展阶段，其对金融机构的贷款需求旺盛，金融需求首先表现为融资需求。其中，对银行流动资金贷款有急切需求，希望通过机器设备和厂房抵押的方式获得银行支持。有84%的中小涉农企业表示存在资金缺口，76%的企业仍拟选取金融机构贷款的融资方式。然而，中小涉农企业产品市场认可率低，规模和盈利能力整体偏低（据统计，其平均资产额仅为龙头企业的25%，平均销售收入仅为龙头企业的1/3)，科技含量不高，管理不规范，生产成本高，缺乏符合银行要求的抵押担保物，较难达到银行贷款条件（据调查，147家非龙头企业中，近50%的企业未在银行获得任何资信评级，而获得 B 级至 BBB 级资信评级的企业占比不超过 20%）。因此，中小涉农企业生产经营主要依靠自有积累资金，金融机构介入相当谨慎，流动资金短缺问题较为突出。据调查问卷，有40%的中小涉农企业自有积累资金占生产经营资金来源的50%以上。②

根据上述人民银行乌鲁木齐中心支行课题组的调查情况，在新疆县域中，乡镇企业出现的资金需求问题表现为：一是贷款满足率相对较低。据调查，有76.3%的样本企业存在不同程度的资金缺口。2006年，企业的贷款满足率分别为67.2%（笔数）和53.1%（金额）。二是乡镇企业融资成本高。企业贷款除要支付正常利息外，还要附加最低存款余额、评估等其他融资成本。被调查企业中，分别有24.5%和23.8%的企业认为银行贷款利率过高和中介评估费用较高是银行贷款中存在的主要问题。三是贷款审批时间过长。据调查，新企业的贷款申请要经过县、地、自治区三级调查和审批，拿到贷款最长需三个月的时间。四是乡镇企业（尤其是中小乡镇企业）在流动资金上对银行的依存度过大。被调

---

① 涉农龙头企业中有一部分是乡镇企业中的大型企业，在金融需求上有共同的特征，由于资料的不可得性，比照人民银行对涉农龙头企业的调研结果，进行大型乡镇企业金融需求的分析。
② 中国人民银行乌鲁木齐中心支行课题组. 新疆金融业支持新农村建设情况的调研报告 [J]. 新疆金融, 2008 (1).

查企业中，仅有19.2%通过直接渠道进行融资（主要通过内部集资、民间借贷等方式），64.4%通过间接融资方式，并有82.4%表示未来拟采取银行贷款的方式解决资金缺口。经济发展程度较高市县的乡镇企业较易获得贷款，经济发展程度落后县的乡镇企业高度依赖银行信贷支持。[①]

2. 乡镇企业的主要金融需求为中间业务需求，大企业的金融服务需求较明显。结算需求是新疆农村所有乡镇企业的基础性中间业务需求，一般来说，中小乡镇企业受自身业务规模和资金量的限制，结算方式单一，多采用现金结算方式，以便实现资金使用的高效和方便快捷。这类乡镇企业主要的结算需求是存款、取款和汇款，但存取款一般为活期存款的存取，汇款一般采取现金汇款，这种方式安全简便但费用较高。总体来看，新疆中小乡镇企业的结算业务量较小，能够提供转账结算的往来账户、信用卡等业务较少。

新疆大型乡镇企业对结算业务的需求有别于中小乡镇企业，其存款服务包含活期、定期存款服务，票据业务量较大，对银行结算质量要求较高。由于资金需求的满足程度比较高，这类乡镇企业产生了比较明显的现代金融服务需求，主要表现为对现金资产管理业务的需求、对贷款承诺类业务的需求、对投资和保险类等业务的需求。

大多数乡镇企业的财务人员素质普遍不高，特别是家族企业和小企业的管理经验性、执行随意性、制度形式性现象比较突出，财务管理水平不高。乡镇企业人员普遍对金融服务内容和发展趋势了解少，主要依赖基本金融结算服务，对创新型金融服务品种缺乏认识，缺乏提高金融素质的有效途径和主动性，存在凭借以往经验或关系人与金融机构办理业务的现象，影响了金融信息的传递和金融机构业务管理的规范化。

3. 中小乡镇企业普遍需要信用增级服务。新疆农村中小乡镇企业由于普遍不能满足现代金融机构大额融资的要求，陷入外部融资困境。立足于现存新疆农村信贷机构的融资设计要求，新疆农村中小乡镇企业可以考虑从外部获得一定的信用支持，从而达到现行融资门槛，那么，在新疆农村地区设立专业化的信用担保组织，或由地方政府主导成立面对农村中小乡镇企业的担保体系就成为一种可行的手段。事实上，新疆部分地区已经率先成立了一些信用担保机构。2002年末，全区共有中小企业担保机构20户，注册资本金37 829万元；财政投入货币资金占35%。全区20户中小企业信用担保机构涉及10个地州市，覆盖面达66.7%。从分布看主要集中在北疆，北疆16户，占80%，南疆3户，占15%，东疆1户。全区已列入全国中小企业信用担保体系试点的有9户。到2009年中，

---

① 中国人民银行乌鲁木齐中心支行课题组. 新疆县域经济的金融支持体系实证分析 [J]. 西部金融, 2007 (9).

新疆已建立各类担保机构达到 62 家，为缓解中小企业融资难发挥了积极作用。但新疆农村中小乡镇企业融资难、担保难，仍然是困扰和制约其发展的瓶颈和难题。

7.3.3 小结

通过以上分析我们可以看出，作为农村企业的主体——乡镇企业对"三农"发展的带动与推进作用日益显著，乡镇企业的发展是农村经济发展中的重要一环。因此，必须加大对乡镇企业金融支持的力度。为此，应该强化以下三点：

1. 系统性、创造性地满足乡镇企业信贷需求。金融机构应当系统地设计乡镇企业信贷优惠政策，尝试摆脱财务报表依赖，降低乡镇企业融资门槛。对乡镇企业的评价不应主要依靠财务报表，而应以企业的整体经营情况、经营者素质及担保能力为主要的参考指标。对能提供全额抵（质）押、融资额在 200 万元（含）以下的小型乡镇企业，可直接按照抵（质）押物价值办理信贷业务，以更快、更好地满足小型乡镇企业对资金"急、频、少"的要求。

2. 完善提高针对乡镇企业的中间业务服务。从内部流程优化、结算产品开发、风险防控机制、产品售后服务等多个方面强化对乡镇企业的结算服务力度，方便乡镇企业金融业务的办理，有效解决乡镇企业开户问题。从账户管理、资金流转、信息报告、投资理财等多个方面为大中型乡镇企业提供全方位的金融服务。将金融信息与新型金融产品信息主动、定期介绍给乡镇企业，广泛开展诸如票据服务、委托收款、代理收款、支票直通车、电子汇兑、电子付款、企业财务室及 E—bank 收款等金融产品的宣传。

加强支票、汇款、银行卡等产品的研发工作，形成以现金管理综合化服务为核心的结算与现金管理产品体系，以大型乡镇企业为开端，面向乡镇企业提供多层面的结算与现金管理服务。适时推出了面向大中型乡镇企业客户的集合人民币结构性存款等理财业务，满足其理财需求，实现资产的保值增值。

3. 进一步促进乡镇企业信用担保体系建设。积极倡导建立各种层次的担保机构，推进担保机构进行规范化的经营、内部管理和自我监督，推进乡镇企业信用制度建设，提升乡镇企业信用等级，为乡镇企业贷款融资提供方便。在现有乡镇企业担保体系基础上，鼓励引进区内外资本扩张担保机构规模，自治区政府适时进行专项配套政策的优化和实施，对各地区重点发展的产业内的农村乡镇企业担保进行适当补贴。加强金融监管力度，防范信用风险。

7.4 新疆农村金融需求变化的新趋势

随着农村经济改革的不断深化，21 世纪的新疆农业和农村发展进入新的阶段,建设社会主义新农村和全面实现小康社会、和谐社会成为新的奋斗目标。农村经济结构日益多元化,出现货币化、市场化、产业化和城镇化的新特征和趋势,农村微观经济主体的金融需求呈现全方位、多层次的新特征和趋势。

1. 新农村建设对资金的依赖程度愈发强烈。推动"生产发展、生活宽裕、乡风文明、村容整洁、管理民主",是繁荣新疆农村经济和民族经济、提高农业综合生产能力、促进农牧民增收的保障,是实现我国统筹城乡发展,构建和谐社会目标的重要途径,也是全面实践科学发展观的重要体现。然而,新疆地区经济社会发展滞后,其新农村建设更具长期性、复杂性、艰巨性。作为国家扶贫攻坚重点区域,经济发展水平相对落后,城乡二元结构更为突出,自我发展能力比较低,加之各民族在历史发展中形成的传统、语言、文化、风俗习惯、心理认同等方面的差异较大,相当数量农牧民受教育程度低,普及现代文明和培育造就新型农牧民的任务更重。因此,民族地区推进新农村建设需要付出更大努力。在新农村建设中,国家的惠农政策在一些资源贫乏、区位条件落后、经济基础差的民族地区往往难以落到实处,民族地区农牧民更加期待政策倾斜,在资金投入、项目安排、技术扶持上多"输血"和"造血"。改革开放以来,新疆农村经济得到了较大发展,但是要达到农村小康以及新农村目标,差距仍然很大。随着新农村建设的推进,农业基础设施建设、产业结构升级、特色农业发展,农村社会保障制度及公共事业发展等引发的资本、人力、技术等生产要素投入是巨大的。新疆农业规模化生产程度低,农户及其他经营实体所需大量资金靠自身积累不可能得到满足,需要大量外来资金的注入和支持,仅仅依靠国家财政投入显然是远远不够的。因此,新农村建设更离不开金融的大力支持和助推,对信贷资金服务的依赖会越来越强。

2. 特色农业产业化经营引发资金需求总量扩张及金融创新。作为国家最大的棉花建设基地,重要的商品粮、畜产品、糖料生产地,经过多年发展,新疆特色农业产业已粗具规模。初步形成以番茄、红花、枸杞等加工为主的"红色产业",以葡萄、石榴、胡萝卜等优质瓜果蔬菜加工为主的酿酒、饮料产业,以优质粮油为原料的食品加工产业,以优质牛羊肉、奶为原料的肉类加工、奶制品加工产业。随着产业结构调整,粮棉畜林四大基地建设进程提速。

特色农业的规模化生产、新品种培育改良及引进、新种植方式和设施应用、市场开发和产品流通,特别是干旱地区农业基础设施建设、节水灌溉技术推广等都依赖于资金。随着农户、公司和龙头企业参与结构调整,产业化深度推进和广度拓展,对金融服务需求的种类和数量会迅速增加,并且出现对长期性资金需求更快增长趋势。贸工农一体的经营方式,农业产业链延伸及分工日益细化,刺激了农村金融需求的分化,需要更多的现代金融产品、创新业务以及快捷、简便、低成本的融资服务。国有商业银行大幅撤并县及县以下机构网点后,广大农村地区金融中间业务的服务产生空缺，而农业产业化经营的快速发展将为农村地区开展结算类、担保类、融资类和管理类中间业务提供极大的发展空间，更需要拓宽直接融资渠道。产业结构调整和升级需依靠信贷杠杆合理引导，也依赖于金融机构以其拥有的重要信息资源，引导农民合理组织生产，降低市场风险，加快特色农业健康发展。此外，特色农业发展需要风险分散与补偿机制保障，农业保险不仅可稳定经营者收益，为潜在农业投资提供风险保障，同时也能防范金融风险，引导金融资本流入农村领域，促进特色农业的发展。此外，完善信用担保体系、发展农产品期货市场等也成为当务之急。

3. 城镇化进程产生现代化金融服务需求。新疆农村城镇化建设已有较大发展，北疆部分地市城镇化率已超过50%，克拉玛依市已达到100%，其次是乌鲁木齐市为97.4%，30%～60%的有克州、喀什、和田、伊犁和阿勒泰地区，兵团城镇化率由2001年的34%达到2010年的50%，高于全国平均水平。新疆整体城镇化率2009年为39.85%，而"十二五"期间还要增加4个百分点。城镇化对资金需求的数量巨大且期限较长，需要银行等金融机构提供信贷，更需要通过股票、债券以及信托投资等方式筹资，因此，金融机构种类要齐全、业务要多样化、服务手段及设备要先进，以提高金融服务效率和水平，与城镇化农民的收入和消费水平相适应。

4. 农村金融需求呈现区域性差异。经济金融的区域化特征决定了不同区域间金融需求的层次性差异。在较发达地区，农民生活多已步入小康状态，农业产业化发展情况良好，农业龙头企业数量较多，"三农"问题主要体现在龙头企业的信贷支持、城镇化建设、农业基础设施建设、农业相关产业的配套发展等方面。在中等发达地区，"三农"问题主要是农业生产问题，农村金融需求的主体是农村生产需求，比如购买化肥、农药、农机具等基本生产资料的资金需求。由于公共积累不足，发展程度不够，城镇化进程滞缓，农民主要在农业部门就业，农闲时打工补贴家用。在欠发达地区，农民的生活几乎处于维持温饱水平，大项消费支出存在一定困难，农村金融需求的主体是农村生活需求，主要是生活必需、看病、子女教育等。

特别需要指出的是，经济欠发达的南疆三地州、伊犁州、博州等农村地区因受自然条件、农业生产条件、产业结构、基础设施等多种因素的制约，农村经济发展对金融（主要是信贷资金）的依赖度较其他地区更高。因此，需要加强金融宏观调控和政策倾斜，对欠发达农村地区保持一定的信贷增幅，为其经济加快发展提供动力保障。

综上所述，应针对多层次需求，开展多样化的金融资源配置体系，加大对农村地区的金融支持。同时，应积极进行金融组织、金融工具与金融制度的创新，以满足新农村建设背景下的全方位的农村金融需求。

8 新疆农村金融资源配置体系再造

8.1 金融资源配置体系支持农村经济的机理

在新疆农村经济发展过程中,金融资源配置体系的作用机理主要由三个渠道实现:财政渠道、金融市场渠道和金融服务渠道。三者支持的层面、领域不同,但却都是不可或缺的。另外,只有三者有机结合、相互联系,才能增加对农村经济的支持力度。

1. 财政渠道。新疆财政渠道对农村经济的支持主要有两个方面:一是财政农业直接投资,二是财政农业转移支付。财政农业直接投资是指各级财政以直接投资形式投入农村经营领域,如农业基地建设、基础设施完善等方面。其支持效应的大小取决于投入的规模与结构,合理的规模与结构将体现出较强的资金配置效率,对农业经营给予基础性的支持。财政农业转移支付主要指以直接或间接补贴形式,用于农村经营主体中生产、加工、流通领域的支出,如企业贴息;农产品、农资补贴、农村合作经济组织建设等,具有明显的政策性特征,其效率取决于各类政策环境与运行效率。作用机理如图8-1所示。

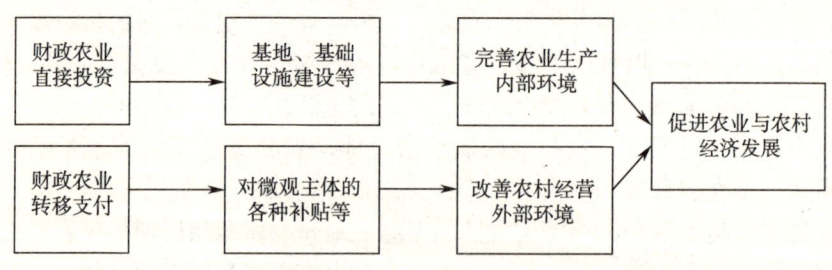

图 8-1 财政渠道作用机理

2. 金融市场渠道。受经济发展水平的制约,新疆农村金融市场的构成较为简单,主要是以银行类金融机构为主的间接金融市场,直接金融市场很有限。间接金融市场对农村经济的支持主要体现在银行类金融机构的信贷投入方面,主要是国有商业银行(中国农业银行占绝大部分)、中国农业发展银行和农村(城市)信用社。金融市场渠道的作用机理主要表现在:通过金融机构的信贷投放和资本市场融资,改变农村微观经济主体的资本投入,从而利用持续投资推动农业与相关主体的发展,做大做强农业产业、发展壮大农村各类企业,从而推动农村经济的发展。作用机理如图8-2所示。

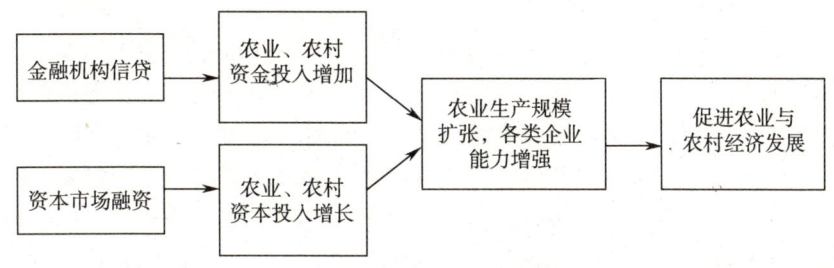

图8-2 金融市场渠道作用机理

3. 金融服务渠道。在新疆日益开放的市场经济环境下,除了资金与金融机构外,中间性金融服务正越来越成为重要的金融活动。现阶段,在完善新疆农村金融资源配置体系过程中,资金投入固然重要,但各种金融服务支持也是不可缺少的。特别是在欠发达地区,完善金融服务体系,是实施"供给领先"的金融发展战略的重要内容。作用机理如图8-3所示。

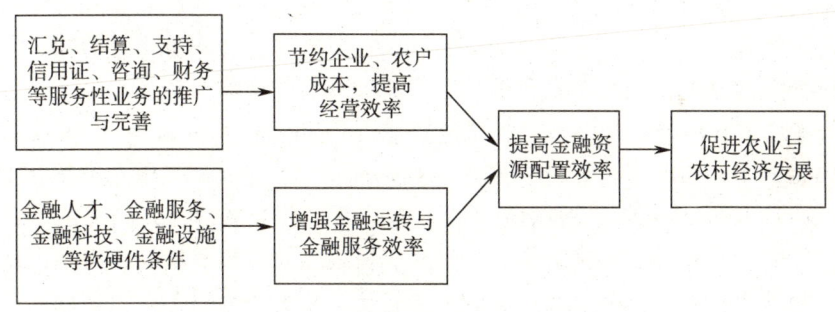

图8-3 金融服务渠道作用机理

8.2 金融资源配置体系再造的基本原则

1. 市场化导向原则。"市场化导向",是指在对农村金融资源进行配置时,应按市场经济的要求进行,这是基于我国经济市场化进程的实际需要。我国多年的实践已证明,行政主导型的金融资源配置体系容易导致金融效率与经济效率的损失，而市场经济的手段与方式已经显示出越来越大的优势。① 在新疆，农业、农村金融的市场化进程与农业、农村经济相比，显示出一定的滞后性，严重影响了农业与农村经济的进一步发展，形成了较强的"金融约束"与"金融抑制"，金融深化与自由化迫在眉睫。②

在市场经济中，市场机制主要包括供求机制、价格机制、竞争机制等，它以竞争作为优胜劣汰的有效方式，以价格、供求等作为市场信号，运用价值规律进行经济调节，因而成为经济社会资源配置的主导性和基础性机制，同时也成为一种有效率的经济运行机制。虽然新疆农村与整体经济发展仍处于转型期，市场化程度与开放程度尚不高，但市场化进程的推进与深入是不可逆转的。因此，新疆农村金融资源配置体系的构建必须坚持市场化的导向，一方面以市场机制作为金融资源动员与配置的基础性机制，另一方面以市场经济的基础原则指导新疆农村金融改革。

2. 产业深化原则。发展新疆农村经济，要解决的一个关键问题就是要发展农业的产业化经营，即延伸产业链，增加农产品的附加值。通过增加农业投入，改善生产条件、调整产品结构、扩大种养规模，以实现农业增效、农民增收。另外，种养业是新疆最基本的次产业之一，农产品加工、销售业较落后，特别是缺乏高附加值的深精加工业，产业链延伸困难，产业关联性较差。在农村金融资源配置体系构建时，必须注重产业深化的问题，要本着优化农业产业结构、促进农业产业升级的原则，加大对农产品加工与流通环节的金融支持。

产业的深化与升级离不开三种推进资源（Promoting Resources），即技术资源（Technology Resources）、管理资源（Management Resources）和人力资源（Human - power Resources）。三种推进资源相互联系、相互融合，共同奠定了农业可持续发展的坚实基础。推进资源的源泉在于持续的农业投资增加，因此，现代农业发展的动力仍来自金融支持。有效的金融资源配置体系将会有力地推动三种推进资源的聚集，推动产业的不断升级与深化，从而推动农村经济的进一步发展。

3. 金融效率原则。金融效率是指以尽可能低的金融成本，将有限的金融资源进行最优配置，实现其最有效利用并获取最大限度的金融资源增值。市场经济是一种效率经济，其中金融效率成为现代市场经济效率的核心。从现实中看，影响金融效率的因素包括金融资源总量、金融组织机构、金融政策与制度、金融技术设备、金融生态环境等。其中，金融资源总量可看做内生变量，其他则为外生变量（王永龙，2004）。可见，金融效率是一个由内生变量与外生变量共同决定

---

① 陆磊. 以行政资源和市场资源重塑三层次农村金融服务体系 [J]. 金融研究，2003 (6).
宋亚敏. 对信贷配给模型的基层实证 [J]. 金融研究，2002 (3).
② 王永龙. 中国农业转型发展的金融支持研究 [M]. 北京：中国农业出版社，2004：122.

的均衡效率:在给定金融资源总量的条件下,金融效率取决于外生条件的改进与变迁;在给定相对确定的外生条件下,金融效率则主要由其总量与配置状态决定。

金融效率决定经济效率,但金融效率必须以金融效益为前提,效益是效率的必要条件。一种无效益的金融运行必然导致金融资源配置陷入低效率,金融效益因此成为金融支持的内在要求。金融对农村经济的支持应定位于:通过合理的制度安排,为农村微观经济主体提供投资与金融服务,其效率通过农业增效、农民增收和农村发展来得以体现。

4. 宏观调控原则。经济转型发展以来,新疆农村的开放程度与市场化程度不断提高,但由于历史与现实的原因,还具有明显的"后计划经济"特征。在新疆,城市与县域、农业与非农业、大中企业与中小企业间金融资源配置的二元性与非均衡性仍较突出,仅靠金融体系的微观政策与纯粹的市场手段无法改变这种状况。

国内外的实践表明,有效的宏观制度安排、必要的政府扶持与市场机制有机结合,是解决农业与农村金融二元性、非均衡性的有效途径与手段。具体到新疆农村金融资源配置问题,在财政农业支出不足的条件下,如何创造条件引导商业金融资源配置到农村,如何强化政策性金融与合作金融的效用,具有重要的意义。因此,新疆农村金融资源配置体系构建过程中,必须依赖政府的职能与宏观政策的制定、实施。

8.3 金融资源配置制度变迁的路径依赖与模式[①]

1. 关于制度变迁理论。20世纪90年代以来,制度变迁理论获得了较大发展,并对经济学的各个领域产生了深刻影响(邹薇、庄子银,1995)。对制度变迁的分析最初是从需求方面展开的,R.科斯对此作出了开创性的贡献。D.诺斯等人继承和扩展了科斯对制度变迁的需求分析,构造了一个需求分析框架:在现有制度结构下,当外部性、规模经济、风险和交易成本所引起的收入的潜在增加不能内在化时,一种新制度的创新可能应运而生,并使获取这些潜在收入的增加成为可能。Ruttan 和 Hayami(1990)、诺斯则认为,制度变迁的供给是重要的,需求的变动趋势虽然是制度变迁的必要条件,但并非是把握变迁路径的充分条件。制度变迁理论基本上循着需求主线与供给主线不断完善和发展,试图对历史和现实中的制度变迁提供适当的解释。但是,仅仅从需求方面或供给方面寻求制

---

① 王娟,蒋占华. 农村金融体系改革的战略构想 [J]. 农业经济问题, 2005 (12).
邹薇,庄子银. 制度变迁理论评述 [J]. 国外社会科学, 1995 (7).

度变迁的因素往往是不充分的。如何把需求方面与供给方面结合起来，建立制度变迁的实证模型，直到20世纪80年代末期才有少数经济学家来探索。D. 菲尼（D. Feeny, 1988）立足于诺斯、拉坦和速水等人的已有著作，提出了一个分析制度变迁的启发式框架。该框架将比较静态方法与演进观点融为一体，旨在反复考察制度安排的演变。其基本思路是从时间和空间的特定一点开始，最初阶段上的制度创新成为相继几个阶段上各种要素的组成部分，制度安排的某种起始的均衡由于有一个或几个外部因素的变化而受到冲击，为此，可以采用比较静态分析方法来分析外部冲击对制度安排的均衡所产生的影响。

制度变迁理论的基本分析框架是：分析变化了的自然环境、技术水平、人口结构、产权、道德文化、意识形态等如何向人们提供新的获利机会，从而提供变革旧制度、创造新制度的动机，为了获得更大的收益或节约某些交易成本，人们必须进行制度创新；当新制度所能提供的边际收益相当于旧制度运行所需付出的边际成本的时候，制度变迁就会暂时停止，制度结构就达到了某种均衡；只有当环境改变时，才会又发生对新制度的需求与供给。制度变迁实际上是对制度非均衡作出的反应，它是一个制度的替代、转换与交换的过程。作为新制度经济学的核心部分，制度变迁能否发生取决于很多因素，包括社会、政治、经济环境、变迁的收益与成本比较，等等。

新制度经济学中最著名的模型是诱致性制度变迁和强制性制度变迁。诱致性制度变迁的主体是个人或群体，在拥有获利机会时便会自发倡导、组织或施行。它的发生必须要有某些来自制度不均衡所产生的获利机会，在"制度均衡—制度不均衡—制度均衡"的循环往复中，完成制度变迁。对于创新者来说，只有当预期收益大于预期成本时才会进行制度创新。所以，诱致性制度变迁的特点是一种自下而上的、具有盈利性的、循序渐进的对制度不均衡作出的自发反应。强制性制度变迁的主体是国家，是由政府命令、法律引入来实现的。它的有效性在很大程度上受制于统治者的偏好和有限理性、意识形态刚性、官僚政治、集团利益冲突以及社会科学知识局限等问题。诱致性制度变迁和强制性制度变迁的区别在于：前者是依据共同的利益和经济原则形成的，所以是最有效率的形式之一；后者则能以最短的时间和最快的速度推进制度变迁，并能以自己的强制力有效降低制度变迁的成本。但是，国家预期效用函数不同于个人预期效用函数，统治者的效用最大化与作为整体的社会财富最大化可能不一致。在实际社会生活中，两者互相补充、互相制约，共同推动着社会的制度变迁。

2. 制度变迁的前提条件——制度不均衡。制度不均衡是制度变迁的诱致因素，正是对现有制度的不满意以及不断出现的潜在利润促使人们进行制度创新。新疆农村正处于转型发展时期，由于农村金融与农村经济之间的制度不均衡，金融难以充分发挥对经济的支持和促进作用。具体表现在农村金融体制的功能缺失、市场机制的不完善、农业（农村）市场资金大量流失、农村金融服务品种单一且水平低下、微观经济主体的贷款需求不能得到满足等，这些都属于典型的制度非均衡——制度供给不足。改革开放 30 多年来，各级党委和政府推出一系列政策，旨在推进农业的现代化和结构调整，增加农民的收入，改善生活条件，提高生活质量，加强对农村基础设施的资金投入。现行农村金融体制从 1997 年确立至今，虽然不断在进行改革，但仍不能适应新疆农村经济的发展，不能为其提供全方位的金融支持。因此，只有通过制度创新，才能提高经济效率，弥补现有制度的不足。

3. 制度变迁的路径依赖。在新疆农村，产权制度模糊、所有者缺位现象还十分突出，这造成了严重的寻租行为。政府干预、金融组织内部管理混乱带来的后果是有限的金融资源得不到有效配置，信用体系不健全、法律体系不完善使得银行的不良资产比率居高不下。以新疆农村信用社为例，2000 年不良贷款占贷款总额比例达到 49.5%，之后，通过各方努力，不良贷款比例不断下降，但到 2007 年仍高达 11.54%，[①] 与发达国家（地区）5% 左右的水平相比，差距明显。在经济转轨过程中，形成了与农村金融体系相连的三大利益团体：国家、地方政府和各级农村金融组织。国家为了维护社会的稳定、贯彻中央的支农措施和政策，必然不愿失去对农村金融的控制；地方政府在"放权让利"的推动下，不断扩张势力范围，甚至不惜对农村金融组织的经营施以行政手段；各级农村金融组织在盈利目标的驱使下，纷纷加快了市场化经营的脚步。这种"条块分割"的利益格局，使得真正的利益主体——农村微观经济主体却得不到真正的实惠。以上种种因素对农村金融制度的变迁有着极强的约束作用，必须十分重视并逐步解决路径依赖问题。

4. 制度变迁的模式。诱致性制度变迁是否发生，主要取决于个别创新者对预期收益和预期成本的比较，需要花时间、精力去组织、谈判并得到这群人的一致性意见。另外，外部效果和"搭便车"问题使正式制度安排创新的密度和频率少于作为整体的社会最佳量，出现持续的制度不均衡和制度短缺。按照 D. 诺斯（1991）的界定，制度被理解为与具体行为集有关的规范体系，它提供了人类相互影响的框架，并约束着人们的行为选择。它也是一种在一定条件下，多个参与主体之间博弈达到的一种均衡状态（孙宽平，2004）。因此，新疆农村金融资源配置制度的变迁，不仅要有利于农村各行为主体之间博弈的均衡，而且要有利于金融制度结构、农村经济结构甚至国民经济结构的总体均衡，而总体均衡的协调者主要是政府。政府是博弈中的天然的强势主体，并根据其意志和需要支配博弈过程的走向（何广文，2006）。由此，也决定了农村金融资源配置制度变迁

---

① 新疆维吾尔自治区农村信用联社。

过程的复杂性和政府在制度变迁过程中的重要作用。要实现制度创新，必须把两者很好地结合起来。

因此，从当前来看，新疆农村金融资源配置体系再造，应是在坚持市场导向原则下的、政府主导型的强制性制度变迁。农村金融资源配置体系应是多层次、多元化、全方位的。应根据农村微观经济主体金融需求的特征，在体系构造中突出农村金融服务的功能，以满足农村多层次的金融需求，从而在完善金融资源配置体系的同时提高配置的效率。

8.4 金融资源配置体系再造的框架

1. 新疆农村微观经济主体金融需求层次①。新疆农村微观经济主体主要是农户、农村企业和农村经济合作组织，由于农户和企业经济活动内容和规模不同，其金融需求也表现出多层次性特征。

根据金融需求特征，农户可以分为贫困农户、维持型农户和市场型农户，企业可以分为农村资源型微小企业、形成中的中小企业、完整形式的大中型企业。各种类型的农户和农村企业，在某些方面的金融需求（如贷款需求、存款需求和金融投资需求、结算需求）虽然是同质的，但其金融需求的形式特征和满足金融需求的手段和要求却是不一致的。

贫困农户是一种特殊的金融需求主体层次，其生产和生活资金均较短缺，它作为金融机构放款的承贷主体时是不健全的，贷款风险较大，经常被排斥在正规金融组织的贷款供给范围之外，只能以较为特殊的方式满足资金需求，民间渠道的小额贷款（私人借贷等）、政府财政性扶贫资金是贫困农户满足资金需求的重要方式。

维持型农户已基本解决生活温饱问题，具有传统的负债观念和负债意识，一般较为讲求信誉，金融机构对维持型农户的小额放款是较为安全的，贷款回收率一般在90%左右（何安耐、胡必亮，2000）。近年来通过各级政府的各类法律与诚信教育，农户诚信水平明显增强，贷款回收率普遍提高。② 因此，金融机构对

---

① 何广文等. 中国农村金融发展与制度变迁［M］. 北京：中国财政经济出版社，2005.

② 从2004年开始，农四师六十四团党委在全团职工中广泛开展爱兵团、爱团场、讲诚信思想教育活动，教育职工做诚实守信的人，使职工们的诚信意识不断增强。2005年，该团发放小额信贷200万元，回收率达百分之百（韩军，兵团日报，2006－04－11）。

广南县在小额信贷发放过程中，将小额信贷与产业开发相结合起来，并对万元以上贷款要求贷款户用有效的财产进行抵押，有效提高贷款使用效益，降低贷款风险，促进小额贷款步入良性循环的轨道。截至2006年12月20日，全县共收回小额贷款1 350万元，是该年到期贷款1 270万元的106.3%，全面完成当年到期贷款的回收任务（郑传舒，http：//www.yngn.gov.cn）。

这部分农户的小额资金需求，一般均以信用放款方式发放。该农户群体，也是农村信用社主要的贷款供给群体。但目前农村信用社资金实力普遍不足，难以最大限度地满足维持型农户的资金需求。

市场型农户的生产经营活动，是以市场为导向的专业化技能型生产，是农村居民实现增收和实现经济结构调整的重要途径，对于贷款资金的需求一般大于维持型农户，但其缺乏有效的承贷机制，缺乏商业贷款供给所要求的抵押担保品，因而难以从银行申请到贷款。

农村中小（微小）企业是立足于当地资源而发展起来的，生产是面向市场的资源利用型生产，市场供给和需求均衡变化的不确定性较大，因此，企业生产经营活动的风险性较大，农村金融机构对其发放贷款的风险性较大，虽然这类企业一直是金融机构金融商品供给的主体，但是成长中的中小企业的资金短缺却一直是较为突出的问题。

大中型企业一般是地区农业产业化龙头企业，资金实力一般较为雄厚，也是较为健全的承贷主体，贷款风险较小，一般通过获得商业金融机构的信用放款或抵押贷款满足资金需求。但那些处于发展初期且正在形成中的龙头企业，缺乏健全的承贷主体，金融机构难以对其给予贷款支持，虽然能够在一定时期内从某种程度上现实地解决企业的资金需求，但从长期来看，资金短缺是这类企业进一步发展的主要约束因素。

农村经济合作组织类型较多，从服务内容看，涉及产加销综合服务、技术和信息服务、运销服务、加工服务、仓储服务等。其中，产加销与加工仓储服务等组织对资金的需求日益突出。

2. 新疆农村金融资源配置体系再造的框架。由于新疆各县（市）经济、社会发展水平不同，因而农村微观经济主体的行为特征和具体金融需求有着一定的差异。不同金融安排之间虽然可能存在一定程度的交叉重叠，但相互间不具备完全替代性。比如，国家农贷制度对于高利贷有一定制约，但若要将民间高息借贷全部挤出则是不可能的。同理，在新疆农户（以及农村中小、微小企业）没有成为经典理论中的"理性小农"之前，以商业性金融取代国家农贷或政策性金融也是不可想象的。这就意味着在新疆农村需要一个多层次金融安排并存的农村金融资源配置制度：既有直接金融也有间接金融；既有正式金融安排也有非正式金融安排；既有传统金融安排也有现代金融安排；既要有更适合落后地区的政策性金融和互助性金融，也要有更适合发达、较发达地区的商业性金融和资本市场、保险市场通道，还要有各类地区都可能需要的民间金融（见表8-1）。

表 8-1　　新疆农村金融需求主体、需求特征与配置体系框架

金融需求主体		金融需求特征	金融资源配置体系框架
农户	贫困农户	小规模农业生产贷款、生活贷款	民间金融、小额信贷、财政资金
	维持型农户	小规模农业生产贷款	民间金融、小额信贷、合作金融、农业保险
	市场型农户	规模化农业生产、流通与加工贷款，中间业务	合作金融、商业金融、农业保险
农村经济合作组织		农产品生产与流通贷款、中间业务	合作金融、商业金融、财政资金
一般中小（微小）企业		启动市场、扩大规模，贷款、中间业务需求旺盛	民间金融、财政奖金、商业金融、合作金融、信贷担保、保险
龙头企业	成长型	资金等金融需求量与需求种类不断增长	合作金融、商业金融、风险投资、政策性资金、信贷担保、保险
	稳定型	资金与服务需求稳定且需求量大，需求种类多	商业金融、资本市场、保险

8.5　金融资源配置体系再造的主要措施

2009 年的中央 1 号文件第六次锁定 "三农"，共提出了 28 点措施促进农业稳定发展与农民持续增收，其中包括进一步增加农业农村投入、较大幅度增加农业补贴、保持农产品价格合理水平、增强农村金融服务能力等。金融资源配置体系再造的目的就是通过完善农村金融体系的结构与功能，加快金融服务现代化，全面提高金融服务水平，增强农村金融服务能力，为新农村建设提供资金支持。

2008 年，在全球金融危机的影响下，国务院出台扩大内需十项措施，增加千亿元投资，加大金融对经济增长的支持力度；取消对商业银行的信贷规模限制，合理扩大信贷规模，加大对重点工程、"三农"、中小企业和技术改造、兼并重组的信贷支持，有针对性地培育和巩固消费信贷增长点。

国务院常务会议研究确定九条金融措施，加大对经济发展的支持力度，指出应对国际金融危机，保持经济平稳较快发展，必须认真实行积极的财政政策和适度宽松的货币政策，进一步加大金融对经济发展的支持力度；要通过完善配套政策措施和创新体制机制，调动商业银行增加信贷投放的积极性，增强金融机构抵御风险能力，形成银行、证券、保险等多方面扩大融资、分散风险的合力，更好地发挥金融支持经济增长和促进结构调整的作用。

因此，根据国内外金融与经济形势，结合民族地区的现实特点，新疆农村金融资源配置体系再造的主要措施应从重塑竞争与合作的农村金融体系、建立明晰且多元化的金融产权制度、完善农村金融市场竞争机制、构建农村资金导入回流机制、完善金融风险分散与补偿机制、培育和发展农村资本市场、创新金融服务模式和手段、全面优化农村金融生态环境八个方面入手。

8.5.1 重塑竞争与合作的农村金融体系

金融资源优化配置的基础是金融结构合理化，通过金融再造寻求正式金融与非正式金融安排之间的恰当结合来实现农村金融体系的重建。因此，应开放多元化农村金融市场，重新整合金融资源，明确职能分工，形成商业金融、合作金融、政策性金融和民间金融互为补充，基于竞争与效率，适应"三农"特点的多层次、广覆盖、可持续的农村金融体系。

1. 建立农业银行的长效支农机制。2007年初的中央金融会议确定了农行"面向'三农'，商业化运作"的定位后，农行在一年半的时间内新增涉农贷款4 000亿元（截至2008年6月），并且初步建立了"三农"信贷政策制度体系。这种支农政策应长期推进，逐步建立长效支农机制，使其经营决策和金融服务贴近基层和农村，在新农村建设中发挥金融骨干与支柱作用。

首先，巩固和稳定农行县域分支机构，改进目前县级信贷管理模式，在有效控制风险前提下，合理调整县级支行业务授权，给予更大的信贷自主权。按照城乡统筹发展的要求，充分考虑不同地区间的差异性，制定更加符合基层实际的信贷管理方案和信贷政策。

其次，加强农业银行支农业务整合，逐步提高涉农贷款的总量和占比，推进信贷投向多元化，提高农村金融服务覆盖率，重点支持乡镇企业和农业经济组织发展，信贷重心从传统农业转移到现代农业，并积极拓展中间业务，为农村企业提供结算、汇兑、代收代付等服务。在扩大贷款规模方面，中金公司首席经济学家哈继铭（2008）提出让农行扮演"批发贷款人"的角色，即农行通过贷款给当地的金融组织，由这些金融组织直接放贷给农户和农村的中小企业，这样农行既实现了商业化盈利的目的，又服务了"三农"。

2. 拓宽农业发展银行支农服务领域。农业发展银行是一家政策性银行，我们要求它要着力提升政策性支农服务功能，要按照建设专业化农业政策性银行的方向，努力成为政策性金融服务"三农"的骨干和支柱。要切实加强国家扶贫开发工作重点县的机构建设，加强对欠发达地区商业性金融难以覆盖领域的信贷服务，加强对农业综合开发、农村基础设施建设等中长期项目的信贷投入力度（臧景范，2008）。努力使其在农村金融资源配置过程中发挥重要作用，建设成为新农村建设提供政策性金融的综合性银行。重点是做好以下三方面的工作：

一是拓展农发行业务范围。可按照"分业经营、分账核算、分别考核"的原则,拓展业务领域和资金来源,构建"一体两翼"的整体业务布局,一体是政策性业务,遵循财政贴息原则,由财政与农发行事先确定损失风险补偿机制;两翼是商业性业务,按照市场化原则、商业化运作,由农发行自主经营、自负盈亏。融资重点应是管理规范,经营良好的大中型龙头企业和加工企业、附加值较高的农产品深加工企业、具有良好发展前景的中小型加工企业,同时加大对新疆地区的扶贫力度,开办贫困县基础设施和农民种养业贷款,支持小城镇建设、农田基本开发及农业科技等农村综合开发中长期贷款业务。

二是建立政策性金融的财政补偿机制与多元化的筹资机制。国家要安排专项资金,建立制度性的政策性支农银行的资本金补充渠道,足额、及时拨付资本金,落实优惠贷款贴息资金,同时对部分业务免征营业税和所得税。扩大低成本的稳定长期性资金筹集机制,面向商业金融机构或社会及时合理地在金融市场筹措资金,增强自主筹资功能。

三是加强政策性金融与商业性金融的分工与合作。政策性金融所要支持的是那些按商业原则运行能收回本金但回报率低于社会资金成本或贷款本金回收风险较大的项目。政策性银行应在商业性金融机构业务活动薄弱或遗漏的领域开展活动,二者形成主辅、互补而非替代、竞争的关系,使农村金融资源配置体系的整体功能得以有效发挥。例如,对农业生产基础设施、农村综合开发等贷款周期长、风险大、启动阶段效益低的领域,政策性金融应发挥示范引导作用;对比较效益低的农业项目,率先投入启动资金,吸引商业性资金跟进;对农村贷款资金额度大的大型贷款项目,政策性银行、商业性银行可以实行银团贷款。加快农村基础设施建设,加大农村沼气、饮水安全工程和农村公路建设力度,完善农村电网,加快重大水利工程建设和病险水库除险加固,加强大型灌区节水改造。

3. 充分发挥农信社主力军作用。根据新疆财政厅的调查,2008年,在134户新疆地方金融企业中,农信社占了108户,城市商业银行只有4户,担保和信托53户;资产总额为1 100亿元,农信社占70%。从对经济的贡献来看,新疆农信社用不到10%的资金来源保证了70%以上的农业贷款投放,特别是农户小额贷款覆盖率达到94%。[①] 可见,农村信用社已成为新疆农村金融资源配置的重要力量。要逐步办成产权清晰、管理科学、约束机制强、财务上可持续发展、坚持服务的合作性与经营的商业性、面向乡(镇)村和农民的社区性银行金融机构。

一是要明确经营方向。进一步推进农信社产权制度改革,充实资本,增强实

---

① 战雪雷.3年再造一个新疆农信社——新疆财政支持农村金融体系建设的特色之路[N].中国财经报,2010-05-11.

力；完善管理体制，在政策上给予农信社更大的支持之外，要在农村信用社树立"立足农村，服务城乡"观念及经营方向。重点放在支农服务水平改进和对农户及中小企业的资金支持上。在资金投向上坚持"四为主"，即以优质、特色、生态农业为主，以农业产业化、农村城镇化为主，以科技含量高、产品附加值高的中小型企业为主，以市场前景好的民营、个体私营经济为主，避免风险投资。将农户的生产经营作为重点，逐步增加农业经营贷款尤其是中长期贷款的份额，同时扶持县级以下的农业产业化龙头企业。试办农村合作金融机构发行支农专项债券业务，拓宽农村信贷资金来源渠道。

二是进一步完善小额信贷机制，创新小额贷款模式。在完善信贷资产管理的前提下，拓宽农户授信范围，因地制宜，逐步放宽小额农贷的用途、期限与额度限制，增加农户消费性融资的支持，根据不同区域、气候、生产及经营周期确定不同贷款期限。此外，各地区可自发探索市场化的小额农贷形式，如农民养老保险证质押贷款模式（呼图壁模式）、"企业+协会+农户会员"的订单农业贷款模式、"大额农贷"支持具有区域资源优势的特色规模种养大户。最后还可将小额信贷机制引入微小企业领域，建立微小企业联保机制与信用企业评级授信制度。

三是完善内部控制制度。通过产权制度改革促进内部机制转换，真正建立决策、执行、监督相制衡，激励与约束相结合的经营机制，以及政银企参与优化金融生态的正向激励与行业自律相结合的监管机制；制定统一规范、管放适度的贷款程序和约束规则，建立资本约束业绩管理体系，持续改善资产质量，完善业务经营与风险管理相制衡的体制；完善法人治理结构，使其成为战略决策、风险控制和经营管理中心以稳定农村金融秩序。采用电子化科技手段，提高农信社竞争和创新发展能力，实现经营管理决策过程的科学化。此外，应注重引入高素质的金融专业人才，加大对员工的培训，提升基层人员的风险防范意识及控制能力、业务创新意识及操作能力。

4. 引导和规范民间金融。民间金融具有一定的金融资源优化配置功能，能优化融资结构，提高直接融资比重。虽属非正规金融，但其具有制度优势、信息优势、成本优势、速度优势等独特优势，与正规金融形成强烈的互补效应，成为我国金融体系中不可或缺的组成部分，特别是在农村领域，可为农村企业、农户等融资另辟蹊径，转移与分散银行的信贷风险，而且违约率较低。引导和规范民间金融的发展，不仅有利于区域农村经济建设，还有助于培养公众诚信意识，对优化社会信用环境也具有一定的积极作用。因此，应放宽市场准入，引导和规范民间借贷，开放农村民间金融市场，允许民营资本进入农村金融领域，促使内生专业化的金融中介或民间金融机构。

一是积极探索民间融资模式转向互助式、社区金融发展，将民间借贷转化为农村中小企业直接融资的有效方式，充分发挥民间资本在新农村建设中的基础性作用。

二是在法制框架下推动农村民间金融"阳光化"，建立民间贷款组织，采取登记备案的形式，以自律管理的方式将民间金融规范起来，赋予其健康发展空间以融入整个农村金融的供求均衡系统之中。同时，逐步建立民间借贷调查监测体系，依法严厉打击高利贷和借贷欺诈行为，消除民间借贷的不利影响。

5. 发展多元化微小农村金融组织。为适应新疆新农村建设对金融服务提出的全方位、多层次客观的需求，在加强监管、防范风险的前提下，加快发展多种形式新型农村金融组织和以服务农村为主的地区性中小银行。还应鼓励和支持金融机构创新农村金融产品和金融服务，大力发展小额信贷和微型金融服务，农村微小型金融组织可通过多种方式从金融机构融入资金。充分调动民间资本，鼓励县域内设立多种所有制的社区金融机构，允许私有资本、外资等参股。建立为农村经济主体提供不同类型服务的多种所有制金融组织，积极培育由自然人、企业法人或社团法人发起的小额贷款组织，如村镇银行[①]、社区性信用合作组织、贷款子公司、小额信贷组织等。引导农户发展资金互助组织，满足农户间的资金调剂需要，支持发展以村或农民专业合作组织为主体的农村资金互助合作组织。适度放宽资金、机构和业务准入门槛，吸引各类资本到农村地区投资，构筑城市资金流向农村的渠道。

8.5.2 建立明晰且多元化的金融产权制度

产权制度是金融业稳健可持续发展的基础性制度，产权的有效界定和充分保护程度，对金融资源的交易成本和配置效果具有根本性影响，影响其利用与配置方式，决定着金融资源的配置效率。合理的金融产权模式一般有以下基本要求：清晰的产权关系、产权高度可分、多元化产权主体以及市场化的产权交易。在产权多元化基础上实现"两权"分离，改变所有者缺位，完善法人治理结构，健全产权激励约束机制，为持续稳健经营构建良好制度框架。通过多元化产权主体的市场竞争，增大金融资源配置中市场化份额，以外在压力和竞争迫使现有农村金融体系发生变迁，从一元垄断走向多元竞争，满足新农村建设的多层次金融需求。农行塑造国有股、企业股、个人股构成的多元化产权结构，建成产权清晰、权责分明、政企分开的现代商业银行。农信社由农民、农村工商户和各类经济组

[①] 2008年1月18日，新疆第一家村镇银行——五家渠国民村镇银行在五家渠市挂牌成立。在业务定位、资金投向上，重点服务于区域内农场职工（农户）、中小农业龙头企业和居民自主创业。提供各类价格优惠的农资、农机具采购贷款、创业贷款等，将有效解决农村地区银行业金融机构网点覆盖率低、供给不足、竞争不充分等问题。

织入股，在产权清晰的基础上，建立健全不同产权模式和组织形式下的法人治理结构，理顺理事会、监事会和经营管理层有效管理、相互制衡的运作机制，坚持商业性原则，成为主要服务乡（镇）村和农民的社区性银行金融机构。

8.5.3 完善农村金融市场竞争机制

竞争是市场经济的核心机制，金融市场的完善也根本取决于金融机构与外部环境之间的传导渠道和互动机制，通过竞争过程实现资源合理有效的流动，实质就是金融资源优化配置的过程。

首先完善利率定价机制，使得金融市场上形成的价格信号能够准确地反映整个市场资金的供求状况，最终实现市场对金融资源配置的基础性作用。逐步放松利率管制，根据成本、效益和风险匹配原则，研究农村存贷款利率的浮动幅度及适应市场需要的利率定价。对于农村合作金融机构，可考虑扩大浮动利率试点，给予更大的利率决定权直至自主决定利率权。对于商业性金融机构，在取消贷款利率上限的基础上，要完善资金定价机制，使利率能够反映贷款的风险水平。一方面可优化资金配置，防止农村资金外流，引导"农转非"资金回流农村；另一方面便于消化风险和成本，增加农行和农信社的盈利空间；同时可发挥价格机制在农村金融市场的调节作用，提高资金利用率和客户吸引度。其次是建立公平的市场准入与退出机制。放松农村金融机构的市场准入，同时加强监管，健全金融机构破产、兼并等专业法律，以市场化手段为主而非行政性关闭，保证中小金融机构健康高效运行，为建立竞争性的农村金融市场创造条件。

8.5.4 构建农村资金导入回流机制

针对新疆农村资金净流量呈现"内循环、外输出"的特征，应构建农村资金导入回流机制。

一是以立法手段保障农业长期发展的资金投入。以强制性的法律手段积累启动农村经济的增量资金，促其实现自我循环和螺旋式发展。制定农业投资法，以立法手段加强对农业投入机制运营的有效管理，保证农业发展所需的资金来源；制定农村金融服务法，公平界定农村金融机构体系的业务范围和服务职责，把支持农户生产经营、支持当地中小和民营企业发展、支持助学和消费等作为金融机构应尽的法定义务；规定设在农村的所有金融机构在保证资金安全的前提下，必须将一定比例的新增存款投放当地，支持农业和农村经济发展。

二是建立资金回流农村的导向激励和调控机制。综合运用利息补贴、税收、担保等经济手段，引导和促进商业金融、合作金融和其他社会资金流向农村。为调动金融机构增加农村贷款的积极性，国家可对不同地区的金融机构实行差别税率政策，将减免税与存贷款比例挂钩，引导资金流向农村。金融机构享受税收优惠政策要与在当地的支农贷款投放实绩相结合，支农贷款达到60%以上才能享受当地税收优惠政策。限制国有商业银行过高的系统内上存资金利差和上存比例，同时制定优惠措施鼓励商业银行将盈余资金调剂到当地农村合作金融机构，以更好地支持农村经济的发展；增加支农再贷款投放，以法律形式规定邮政储蓄、国有商业银行县域分支机构支持"三农"的留存资金比例，并建立相应的监督机制。动员和引导涉农资金、财政资金、社保资金、住房公积金等存入农信社，堵住农村资金分流的渠道。

三是建立邮政储蓄资金回流机制。邮政储蓄银行应与农信社建立良好的竞争合作关系，发挥自身比较优势，创新金融产品，将吸农资金通过各种方式返还到农村以达到服务农村的目的。应扩大其资金自主运用范围，可进入农户小额信贷、微小企业贷款、农村助学教育贷款等业务领域；加强政策扶持，以税收优惠、差别利率等鼓励邮储资金支持"三农"。

8.5.5 完善金融风险分散与补偿机制

1. 构建政策性农业保险制度。探索建立适合新疆区情的农业保险发展模式，将农业保险作为支农方式的创新，纳入农业支持保护体系。发挥中央、地方、保险公司、龙头企业、农户等各方面的积极性，发挥农业部门在推动农业保险立法、引导农民投保、协调各方关系、促进农业保险发展等方面的作用，扩大农业保险覆盖面，有步骤地建立多形式经营、多渠道支持的农业保险体系。

农业保险应纳入农村政策扶持体系，构建可持续发展的政策性农业保险制度，采取政府主导、商业保险公司经营的运行模式。适应民族地区广大农牧民总体收入水平不高、农业保险经营风险较大的现状，通过政策性农业保险加大支农投入和扶持力度，开展"低保费、低保额、低保障、广覆盖"的农业保险，实行政府和商业保险公司共同参与并配合。加快农业保险立法，将政策支持转化为法律制度保障。

一是加强农业保险组织建设，促进经营主体多元化。探索发展相互制、合作制等多种形式的农业保险组织。一方面，鼓励商业保险公司自办、代办以及与政府联办农业保险，允许农发行和外资保险公司参与农业保险；另一方面，组建专业性农业保险公司、地方政策性农业保险公司等，发展农业互助合作保险社，构建农业保险体系的基层组织。支持保险公司开发保障适度、保费低廉、保单通俗的农业保险产品，建立适合农业保险的服务网络和销售渠道。支持农业保险公司开办特色农业保险和其他涉农保险业务，提高农业保险服务水平。

二是建立农业保险补偿机制。改变单一、事后财政补助的农业灾害救助模式，逐步建立政策性农业保险与财政补助相结合的农业风险防范与救助机制。首先，实行财政补贴和税收优惠。探索中央和地方财政对农户投保给予补贴的方式、品种和比例，保费补贴可解决保障能力不足与农民交纳能力不足的矛盾，提高农业保险参与率，稳定农业生产并使农民增收，经营费用补贴可使农业保险基金专款专用，实现效能。财政配套支付，每年按保费收入的一定比例补贴给保险公司，一部分通过保险赔偿方式转补给农民，另一部分用于购买再保险以增强风险分散能力。其次，建立多渠道的风险基金和农业巨灾保障基金。除将当年保费和盈余的一定比例注资风险基金外，还可通过调剂部分农业直补资金、农业灾害救济金、财政专项支出及农险税负减免部分充实到基金，多方筹资形成雄厚的农业保险总准备金。最后，建立国家再保险体系。完善多层次的农业巨灾风险转移分担机制，探索建立中央、地方财政支持的农业再保险体系。建立以国家再保险为主导、商业再保险为补充的多层次再保险体系，国家可委托商业险公司代理农业保险再保险，提供部分费用补贴和免税支持；也可由中央财政出资建立农业巨灾保险基金，各类农业保险经营主体向基金购买再保险，分散自身风险。

三是创新农业保险运作机制。首先是政策扶持与商业化运作紧密结合。基于区域差异性，普通险种和地方特色险种结合，对林果等经济作物可开展非政策性农业保险，对种养业等基础农业可确定为政策性农业保险，实行强制投保。其次是开展银保合作，探索建立农村信贷与农业保险相结合的银保互动机制。将农业保险业务与农村金融机构网络资源优势相结合进行委托代理，并与小额农贷发放相结合，对参保户在贷款条件和利率等方面给予优惠。

四是发展广义农业保险，即农村保险。根据农村保险业务分散、服务面宽和农民多样化的保险需求，开发价格低廉、保障适度、覆盖面广的保险产品。特别是要开发针对高新农业、产业化农业、外出务工农民、失地农民的保险产品，将产品覆盖面从传统的种养业拓展到涉及农业和农民生活的各个方面，为农村及农牧民提供全方位的保险保障服务。

五是推进农业保险立法。明确农业保险的社会管理属性，规范农业保险经营、参与及受益主体的责权关系，明确政府的职能作用，防止农业保险支持的缺失。加快农业保险立法，将政策支持转化为法律制度保障。同时，国家还应适时设立农业保险管理和协调机构，统筹发展全国农业保险，保证农业保险制度的建立健全。

2. 完善农村信用担保体系。首先，健全农村信用担保组织体系。按照政府组织、企业参股、银行托管、市场运作的方式组建农业信用担保公司，建立分层次的担保体系，开展对农村企业和大额资金需求农户的融资担保业务。成立政策性农村信贷担保机构，为政府推动特色农业项目信贷计划提供贷款担保。可选择经营管理良好，有发展前景的龙头企业成立专业担保公司，推广"龙头企业+担保公司+银行+农户+政府"的"五位一体"的金融创新方式，还可建立再担保机构作为"最后担保人"。

其次，建立担保基金。一是地方政府注资，农村中小企业参股；二是社会部门和企业出资，个人可入股；三是农民自愿投资，组成互助性担保基金，如中小企业信用担保基金主要为中小企业贷款提供信用保证，农业贷款担保基金主要为农业生产、加工企业贷款提供信用保证；三是农户贷款担保基金，主要为农民小额生产性贷款提供信用保证。

最后，鼓励各类信用担保机构进行金融创新。积极拓展农村担保业务，依法开展权属清晰、风险可控的大型农用生产设备、林权、"四荒"地使用权等抵押贷款和应收账款、仓单、可转让股权、专利权、商标专用权等权利质押贷款，拓宽融资渠道。此外，建立农地金融制度，探索农地使用权抵押方式与途径，允许农民将承包土地的使用权作抵押向金融机构融资，也可租赁和转让给其他投资者或作为投资资产。

3. 发展农产品期货市场。

一是扩大投资主体与资金参与农产品期货市场，优化投资者结构，大力发展机构投资者，提高农产品期市的流动性，保障市场稳定性。在信贷、财税和登记等制度方面提供更多的优惠措施，保证农业企业理性、稳健地参与期市避险。建立起能够真正代表农民利益的农村市场中介组织，提高农业组织化程度，引导和带动农民参与期货交易。

二是开发农产品期货新品种，适时推进期货期权，完善市场品种结构，支持大宗特色农产品期货品种的上市，通过"公司＋农户，期货＋订单"的农业生产组织形式，根据市场需求调整农业种植结构，引导农民种植高品质、高价格的农产品，实行集约化、标准化生产经营，保护农民和企业利益。

8.5.6 培育和发展农村资本市场

有效利用金融资源，发展多层次的农村资本市场，面向市场筹融资，实现农业资金的市场化。一是农村企业融资渠道的创新。逐步建立健全产权交易市场、信托市场、债券市场等，有效分散金融投资风险，避免农村资金因体制僵化和市场缺陷而盲目外流。发行农业开发债券，用于产业基本建设、技术改造等长期投资；发展农村票据市场，引导农村金融机构适当增加对农业企业的票据贴现，扩大票据融资规模；发展农村金融信托与租赁，充分利用二板市场，积极探索建立区域性小额资本市场。二是要积极培育农村证券融资的主体。农村优势骨干企业特别是产业化龙头企业，应积极推行股份制改造，通过发行股票、债券、融资租赁融资等多种方法拓宽直接融资渠道。允许不同规模的农村企业在其成长的不同阶段选择适当的资本募集方式集聚资本，扩充资本金。三是要建立相应的农村证券经营机构，代理农村企业（项目）发行股票和债券。四是要依据有关金融法律规定，加强对农村证券市场的管理，防范金融风险。

8.5.7 创新金融服务模式和手段

创新农村金融发展模式、品种工具和服务手段,可持续提高金融对现代农业和新农村建设的服务水平。

1. 支农信贷方式创新。一是信贷管理的创新。针对民族地区农村经济发展现状和农户实际需求,适应新农村建设需求,建立和完善信贷管理制度和办法,改变贷款"申报过严、手续过繁、时间过长、审批权过分集中"的现状,下放贷款审批权限,减少贷款审批环节,提高贷款效率。对符合贷款条件者可通过农户贷款证、联保贷款、评优授信和开办"高端农户"贷款等方式提供不同层次、不同方式的资金支持。

二是信贷模式的创新。"龙头企业+金融机构+政策机制"是一种切实可行的模式。金融机构以信用贷款形式投入农业发展资金;农业产业化龙头企业作为加工、信息、服务和科技中心,了解生产基地内农户的生产经营状况,通过收购又掌握着农户的现金流,能够对农户实施全方位的带动;农户则有金融机构资金支持、龙头企业技术及服务支持为基础。通过公司、农户和金融机构三方的密切配合,逐步建立起覆盖产供销的健康良性合作关系,有助于优化农村经济结构,提高农业产业化水平,降低农户经营风险,从而使农村经济发展形成良性循环。

三是信贷产品的创新。依据新农村建设需要,开办基础设施贷款、农田水利改造贷款、旧村改造专项配套贷款、大型农业新型机械设备按揭贷款及租赁业务品种、农业订单贷款、特色产业基地建设贷款等。研究农村金融消费特点,适时推出灵活便利的消费贷款种类,积极扩大住房、汽车和农村消费信贷市场。

2. 农村金融中间业务创新。加快农村金融业务品种创新,在政策允许范围和风险控制能力以内开发多样化、系列性金融产品,向新农村建设提供多样化、个性化与差异化的金融服务。

一是完善信息技术服务,拓展服务手段。尽快构建城乡通用的现代化支付结算系统,提高电子网络的应用效率,保障网络的稳定性。提高服务效率,做到准确、高效、及时。提高大额和小额支付覆盖面,疏通汇划渠道,发展个人支票和通存通兑业务,加大非现金支付结算工具在农村的推广力度。在农村积极开展票据贴现、项目融资、订单贷款、保函、信用证、信息咨询和投资理财等服务。

二是加大金融产品的宣传和营销力度,培养农村居民的金融消费理念,提高农村居民使用现代金融工具和产品的能力,培育新型金融产品消费群体,启动农村消费市场。

8.5.8 全面优化农村金融生态环境

民族地区建设新农村的关键是要建立资金聚集的长效机制,核心就是要优化农村金融生态环境。和谐的金融生态环境就是能够使各金融机构在自我寻求平衡的过程中，实现自身的良性发展，并不断对外部环境产生有益影响的机制。良好的新疆金融生态环境有利于提高金融资源配置效率，理顺农村资金运行机制，引导资金回流，防范金融风险，真正形成资金聚集的"洼地"效应。

1. 完善金融法律体系，营造司法公正环境。

一是加快金融立法进程。通过对不同类型的金融组织、金融产品和金融活动的立法，创造金融组织和活动的发展空间，保持金融生态环境的物种多样性，鼓励金融创新。首先，合理规范财产权制度及财产权保护制度。虽然在《物权法》中解决了优等受偿权和抵押物在债务人违约后所有权的转移问题，新《破产法》解决了清算程序中涉及抵押、质押的债权在清算中的次序问题和破产条件，《刑法》修订后也指出要惩罚金融犯罪，但在农村实际工作中，并没能完全严格地遵守以上法律规定。其次，根据农村金融运作特点与要求，制定专门的农村金融服务法、农村金融监管法等，规范市场准入和退出的标准与程序以及存款人利益保障措施等，使农村金融经营活动有法可依。最后，推进动产担保立法，完善农村土地财产权法，使农民享有完整土地承包经营权；对农村集体建设用地使用权流转进行立法，解决农村企业贷款抵押品不足问题。建立健全农村资产拍卖转让、产权转让市场，解决抵押物变现难问题。

二是加大执法力度，提高司法效率。在处理和协调农村经济金融事务中要真正做到"有法必依，执法必严"，建立良好的信用维护机制，打击涉农企业、农户逃废债务等失信行为。司法部门应尽可能推广简易诉讼程序，降低金融债权案件诉讼费用，提高金融债权的执结率，保证金融债权得到公平清偿。

2. 实施"诚信工程"，完善农村征信体系。在金融交易的重复博弈环境中，诚信作为不可或缺的社会文化资本已成为最佳的竞争手段，也是金融系统持续运转的保障基础。因此，良好的信用制度是维持金融生态系统稳定运行的重要条件。应建立和完善适应现行市场经济体制的信用体系，积极探索发展新疆农村多种形式担保的信贷产品，优化金融生态环境。

一是完善信用立法，建立相关法律、行政法规和部门规章构成的结构完整、功能协调、层次清晰的信用法律体系，实行信用风险防范和信息披露制度，建立守信激励和失信惩戒机制，形成完善的信用监管体制。

二是以政府、企业和个人信用建设为主体，大力实施"诚信工程"。建立包括企业和个人信用信息基础数据库、诚信奖惩体系、追偿制度等的完整征信体系，实现社会信用信息资源共享。健全信用评估体系，广泛开展企业信用评级和信用乡（镇、村、户）建设，营造重信用、讲诚信的社会氛围。

三是综合运用法律、经济、宣传、舆论监督等手段，建立社会信用联合制裁体系，建立以政府主导、市场化运作、社会化服务的信用评价机制、体系和方法。重塑"诚实守信"的社会价值观念体系，提升全社会的信用认知度，充分发挥金融生态"优胜劣汰"的市场竞争机制，理顺各金融主体之间的关系。提高民族信用水平和信用素质，增强农村社会成员信用意识，规范信用秩序，优化信用道德环境。

四是加强中介组织体系建设，提升专业化服务水平。引导和鼓励会计师、审计师、律师等事务所以及资产和企业价值评估等中介机构发展，拓宽农村服务业务范围，加强市场监管，依法制定和严格执行中介服务行业标准和资格。尽快建立实力强、操作规范的担保公司，推动担保公司和金融机构建立利益共享、风险共担、信息对称的合作机制，缓解农村融资担保难问题。

3. 发挥人民银行基层行职能，加强监管与协调。深化金融改革，完善金融监管体系，强化风险监测和管理，切实维护金融安全稳定。驻疆人民银行分支机构应积极发挥窗口指导作用，充分利用货币政策工具，提高货币政策执行的有效性，加强对新疆农村金融业务的监管与协调，引导金融机构规范竞争。

一是加强支持新疆新农村建设的货币政策执行力度。对农村金融机构继续实行差别存款准备金政策，将金融政策向农村优先倾斜，发挥再贷款的结构性调整引导作用，形成稳定提高"三农"信贷投入的正向激励机制。抓紧制定鼓励县域内银行业金融机构新吸收的存款主要用于当地发放贷款的实施办法，建立独立考核机制。抓紧出台对涉农贷款定向实行税收减免和费用补贴、农民专业合作社开展信用合作试点的具体办法。放宽金融机构对涉农贷款的呆账核销条件。

二是健全金融风险监管机制，保障新疆农村金融稳健运行。坚持在发展中防范风险的监管理念，通过监管促进金融创新；拓展农村金融监管的广度和深度，完善监管技术，提升监管质量和效率，充实监管人员力量；人民银行及各金融监管部门应强化对农村金融活动的依法监管，促进农村金融机构建立健全内控制度，加强流动性管理，稳健经营以防范信贷风险；有效保护金融机构合法经营活动，打击金融违规与犯罪行为，净化农村金融环境，维护农村金融秩序，确保农村金融业健康、有序、规范发展。此外，制定和完善金融监管的绩效评估和考核机制，把监管主体的职责真正引导到保护社会公众利益的轨道上来，严格落实问责制度。

4. 强化政府协调机制，全面优化信用环境。政府是金融生态环境的主导者和参与者，也是防范和化解系统性金融风险的重要力量。在优化新疆金融环境中，政府的作用在于为金融业发展创造公平、公正的环境，强化金融政策扶持，供给基础设施，建立政银企有效沟通机制。改善金融生态环境必须坚持以政府为主导，实现金融外部环境的和谐。

一是明确地方政府产权边界，转变地方基层政府职能，赋予地方金融资源配置的调控权、监督权而非控制权、剩余索取权。尊重银行等各类金融企业的经营原则，强化在政策性金融资源配置中的责任，实现行政权力在市场金融资源配置中的退出。硬化地方政府尤其是基层政府的财政约束，防止地方政府控制农村金融致使其财政化。

二是建立以当地政府为领导、各职能部门共同参与的金融发展保障体系，从制度、体制和机制上为改善金融生态环境提供保障。加大金融机构在债权保全、资产处置等环节的政策支持，积极支持金融机构清收和盘活不良资产，减少不良资产的处置成本，对逃债企业、业主、农户问责，引导培育诚信意识等。

三是地方政府在自律前提下，规范信用行为，变指令为指导，变干预为服务，着重运用利益手段加强对农村金融的引导。充分发挥新疆各级政府的主导作用，搭建政府、金融机构与涉农企业、农户之间的沟通平台，减少行政干预，避免损害市场机制在资源配置中的基础地位，改变政府尤其是地方政府在金融生态环境建设中的缺位与越位。

9　健全的农村金融资源配置体系对民族地区社会主义新农村建设的意义

我国是统一的多民族国家，民族自治区域占国土面积的64%，西部和边疆绝大部分地区都是少数民族聚居区。民族地区普遍具备支持发展的资源条件、区位优势和潜在市场，是自然资源与民族文化资源组合程度高、实施开发效果佳的发展型区域。然而，由于历史、自然等原因，目前民族地区的发展基础仍然比较薄弱，社会生产力发展水平还比较低。要从根本上解决这些问题，必须依靠区域间更加协调的经济社会发展，并通过可持续发展来解决发展中出现的一系列问题。因此，民族地区建设社会主义新农村具有不可替代的历史意义。民族地区新农村建设是全国新农村建设的重要组成部分，推动民族地区在生产发展、生活宽裕、乡风文明、村容整洁、管理民主等方面不断取得进步，繁荣农村经济和民族经济、统筹城乡发展，是提高农业综合生产能力、促进农民增收的重要保障，是实现我国新农村建设与构建和谐社会目标的重要途径，也是全面实践科学发展观的重要体现。

然而，民族地区经济社会发展滞后，其新农村建设更具长期性、复杂性、艰巨性。一是经济发展水平相对落后。经济实力不强，财政收入困难，工业化和城镇化水平低，工业反哺农业、城市支持农村的力量弱。二是城乡二元结构更为突出。农业和农村经济发展更为落后，基础设施和公共设施更为薄弱，社会事业发展更为滞后，城乡居民收入水平和生活水平更低、差距更大。三是国家扶贫攻坚重点区域。全国农村贫困人口主要集中在民族地区，不少农民居住在偏远山区和边境地区，居住分散，生存环境恶劣，自我发展能力比较低，扶贫开发任重道远。四是存在民族社会经济文化差异。各民族在历史发展中形成的传统、语言、文化、风俗习惯、心理认同等方面的差异较大，相当数量的农民受教育的程度低，普及现代文明和培育造就新型农民的任务更重。因此，民族地区推进新农村建设需要付出更大努力。在新农村建设中，国家的惠农政策在一些资源贫乏、区位条件落后、经济基础差的民族地区往往难以落到实处，民族地区农牧民更加期待有关部门在政策倾斜、资金投入、项目安排、技术扶持上多"输血"和"造血"。[①]

---

① 陆兵. 积极推进民族地区社会主义新农村建设 [N]. 广西日报，2006-05-29.

长期以来，制约我国农业和农村经济发展的一个突出因素就是金融资源配置效率弱化，其中最突出的就是资金支持问题。据有关部门初步测算，到2020年，新农村建设需要新增资金15万亿元至20万亿元。新农村建设资金需求总量巨大，仅仅依靠国家财政投入显然是远远不够的。据统计，真正用于农民身上的财政支出不到4%，新农村建设更离不开金融业的大力支持和助推。

改革开放后，在经济体制变革强力推动下，我国金融市场化的程度有了很大提高，金融发展与创新取得了长足进步。但就金融市场发展的地域结构看，虽然近两年加大了对农村金融市场的支持，但是城乡金融发展总体上仍很不协调，金融二元结构特征仍然十分突出，农村金融被边缘化的现状依然明显。这一问题已成为制约农村经济发展特别是新农村建设的重要因素。建设社会主义新农村为"三农"发展带来难得历史性机遇，同时也为金融业有效支持新农村建设提出了新的要求，为金融业改革与创新提供了新的机遇。新农村的建设需要均衡的、充足的资金支持。在推进新农村建设过程中，作为国家宏观调控重要手段的金融政策，应在解决资金有效配置方面发挥积极作用。尤其是经济欠发达民族地区的新农村建设，需要立足于"反哺"、"多予"。但是，由于受现行农村金融体制机制、市场调节配置金融资源以及区域金融生态环境等方面因素的制约，民族地区新农村建设普遍面临金融支持断层。金融资源配置低效严重妨碍了国家对民族地区金融支持政策作用的发挥，抑制民族地区资本形成，阻碍了产业结构的优化升级，降低了经济、金融运行的效率，从而对民族地区经济长期稳定增长构成制约。因此，必须建立起健全的农村金融资源配置体系，完善资金供给模式，畅通新农村建设融资通道，为民族地区新农村建设提供资金支撑作用。

总体来讲，农村金融资源配置体系是指金融资源在农村的分配和布局状况，包括金融资源向农村流动状况、农村对金融资源的占有状况、农村金融资源与其他资源的组合状况，这些直接关系到社会主义新农村建设的进展和成效。①

健全的农村金融资源配置体系对民族地区新农村建设具有重大的理论与现实意义。其意义突出表现在以下几个方面：

1. 满足新农村建设全方位、多层次的金融服务需求。随着新农村建设的推进，由农业基础设施建设、产业结构升级、特色农业发展、农村社会保障制度及公共事业发展等引发的资本、人力、技术等生产要素投入是巨大的。绝大多数民族地区农业规模化生产程度低，农户及其他经营实体所需的大量资金靠自身积累不可能得到满足，需要大量外来资金的注入和支持，对金融服务的依赖会越来越强。农村经济结构日益多元化，出现货币化、市场化、产业化和城镇化的新趋势和特征，农村微观经济主体对金融产品和金融服务的需求也发生很大变化，新农

---

① 姜作培. 金融资源配置：新农村建设的关键 [J]. 国家行政学院学报，2007 (4)：21-24.

村建设对资金的需求是全方位、多层次的。因此，合理配置金融资源，满足现阶段农村不同层次、不同客户群体对金融服务的需求，对提高农业综合生产能力、增加农民收入、加快社会主义新农村建设来说至关重要。

2. 为新农村建设构建完善的金融支持体系。高效配置的金融资源可以发挥"原动力"作用，有效增强经济增长的"造血"功能。应通过商业金融、合作金融、政策性金融和民间金融竞争与合作的农村金融体系，全方位支持新农村建设。拓宽信贷服务领域，支持现代农牧业，支持农村牧区基础设施、生活消费及社会各项事业等，并通过金融运作效率的提高，提升农村金融服务水平，为新农村建设提供有力的金融支持。

3. 促使农村资金形成体内良性循环。在农村金融资源的优化配置过程中，应通过构建农村资金回流机制，改变邮政储蓄原先"只吸不贷"现象，规定商业银行、农信社等金融机构资金的一定比例返还农村，设立新型中小农村金融机构，改善农村资金"非农化"现象，形成资金体内良性循环，保证新农村建设资金的充分供给。

4. 为新农村建设提供风险分散保障机制。在新农村建设中，健全的农村金融资源配置体系不仅能优化配置资金，而且能为农业生产经营活动提供风险分散保障机制，如通过农业保险机制、信用担保体系、农产品期货市场等，分散和分担自然风险和市场风险，防范金融风险，从而稳定农村经济主体的收入和收益，减轻农村金融机构的信贷风险，保障新农村建设资金的供给，提高新农村建设的支持力度。

5. 优化农村金融生态环境，打造"资金洼地"。金融资源的配置是金融生态环境各要素之间相互连接的中枢，其配置效率直接决定着金融自身的活力及金融生态环境系统的平衡。健全的农村金融资源配置体系可激活金融机构的有效功能，通过资金的最优配置和支持作用，提高农村地区经济发展水平，改善法律制度环境，增强社会信用意识，规范农村信用秩序，全面优化信用环境。农村金融生态环境的优化可逐步改善投资环境，打造"资金洼地"，吸引社会资金向农村不断聚集，决定着新农村建设中金融资源作用的高效发挥。

总之，民族地区社会主义新农村建设需要一个健全的农村金融资源配置体系，只有通过金融资源效率的提高，构建完善高效的金融支撑体系，才能满足新农村建设的金融服务需求和充分资金供给，为新农村建设目标的实现提供保障基础，促进民族地区金融与经济的和谐、可持续发展。

参考文献

[1] 约瑟夫·熊彼特. 经济发展理论：对于利润、资本、信贷、利息和经济周期的考察 [M]. 北京：商务印书馆，2000.

[2] 约翰·格利，爱德华·肖. 金融理论中的货币 [M]. 上海：上海三联书店，1988.

[3] 爱德华·肖. 经济发展中的金融深化 [M]. 北京：中国社会科学出版社，1989.

[4] 雷蒙德·戈德史密斯. 金融结构与金融发展 [M]. 上海：上海人民出版社，1997.

[5] 罗纳德·麦金农. 经济市场化的秩序：向市场经济过渡时期的金融控制 [M]. 上海：上海三联书店．上海人民出版社，1997.

[6] R. 科斯. 财产权利与制度变迁 [M]. 上海：上海三联书店，1996.

[7] 西奥多·舒尔茨. 改造传统农业 [M]. 北京：商务印书馆，1987.

[8] 西奥多·舒尔茨. 经济增长与农业 [M]. 北京：北京经济学院出版社，1990.

[9] 阿瑟·刘易斯. 二元经济论 [M]. 北京：北京经济学院出版社，1989.

[10] 徐笑波等. 中国农村金融的变革与发展 [M]. 北京：当代中国出版社，1994.

[11] 胡炳南. 中国金融制度重构 [M]. 北京：人民出版社，2003.

[12] 张元红等. 当代农村金融发展的理论与实践 [M]. 南昌：江西人民出版社，2002.

[13] 林毅夫. 再论制度、技术和农业发展 [M]. 北京：北京大学出版社，2000.

[14] 张杰. 中国农村金融制度：结构、变迁与政策 [M]. 北京：中国人民大学出版社，2003.

[15] 宋宏谋. 中国农村金融发展问题研究 [M]. 太原：山西经济出版社，2003.

[16] 白钦先. 金融可持续发展研究导论 [M]. 北京：中国金融出版社，2001.

[17] 何广文等. 中国农村金融发展与制度变迁 [M]. 北京：中国财政经济出版社, 2005.

[18] 何广文. 合作金融发展模式及运行机制研究 [M]. 北京：中国金融出版社, 2001.

[19] 麦勇. 金融自由化进程中的中国区域金融比较研究 [M]. 北京：中国经济出版社, 2005.

[20] 林毅夫, 刘培林. 自生能力和国企改革. 北京大学中国经济研究中心讨论稿系列：No. C2001005, 2001.

[21] 董杰. 金融发展与农村经济增长研究 [D]. 成都：西南财经大学, 2004.

[22] 董晓林. 我国农村经济发展中的金融支持研究 [D]. 南京：南京农业大学, 2005.

[23] 何广文. 中国农村金融供求特征及均衡供求的路径选择 [J]. 中国农村经济, 2001 (10).

[24] 何广文等. 把握农村金融需求特点完善农村金融服务体系 [J]. 中国金融, 2003 (11).

[25] 谢家智, 冉光和. 中国农村金融制度变迁的路径依赖 [J]. 农业经济问题, 2000 (5).

[26] 曹力群. 当前我国农村金融市场主体行为研究 [J]. 金融论坛, 2001 (5).

[27] 谈儒勇. 论融资支持与我国乡村企业的成长 [J]. 经济科学, 2001 (5).

[28] 罗剑朝等. 博弈与均衡：农村金融制度绩效分析 [J]. 中国农村观察, 2003 (3).

[29] 马忠富. 中国农村信用合作社的信息不对称问题分析 [J]. 中国农村观察, 2001 (1).

[30] 蔡友才. 我国邮政储蓄体制的改革步骤和方案选择 [J]. 金融论坛, 2003 (6).

[31] 姚耀军. 农村金融理论的演变及其在我国的实践 [J]. 金融教学与研究, 2005 (5).

[32] 夏英. 政府扶持农民合作社的理论依据与政策要点 [J]. 农村经营管理, 2004 (6).

[33] 林广明, 谭庆华. 金融资源论：对金融功能观与金融机构观的综合研究 [J]. 金融论坛, 2004 (6).

[34] 曾康霖. 试论我国金融资源的配置 [J]. 金融研究, 2005 (4).

[35] 陆磊. 从金融支持到金融资源市场化配置 [J]. 金融研究, 2005 (3).

[36] 谭庆华. 金融资源配置主体探索 [J]. 上海金融, 2002 (5).

[37] 理查德·韦斯特. 两类市场效率 [J]. 金融分析家, 1975 (11、12).

[38] 彭志坚. 中国金融前沿问题研究 (2003) [M]. 北京: 中国金融出版社, 2003.

[39] 方伶俐, 王雅鹏. 中外农业补贴政策的比较分析及启示 [J]. 华中农业大学学报 (社会科学版), 2005 (2).

[40] 财政部农业财政政策考察团. 法国、西班牙农业财政政策及农业产业化考察报告 [J]. 农村财政与财务, 1997 (1).

[41] 胡颖森. 中美农业金融体系的对比分析 [J]. 经济论坛, 2005 (8).

[42] 杨凤娟. 发达国家解决中小企业融资难的举措及借鉴 [J]. 经济问题, 2004 (3).

[43] 周建华, 贺正楚. 日本农业补贴政策的调整及启示 [J]. 农村经济, 2005 (10).

[44] 郑燕洪, 雷连鸣. 美、日、法农业政策性金融体系比较 [J]. 福建金融, 2005 (8).

[45] 白钦先, 耿立新. 日本近150年来政策性金融的发展演变与特征 [J]. 日本研究, 2005 (3).

[46] 蔡友才, 陆娟. 我国农村政策性金融的国际借鉴与改革思路 [J]. 当代财经, 2005 (4).

[47] 中国人民银行南昌中心支行课题组. 尽快推进农业政策性金融制度改革——基于农业政策性金融效应的实证分析 [J]. 金融与经济, 2004 (增刊).

[48] 冯文丽. 我国农业保险市场失灵与制度供给 [J]. 金融研究, 2004 (4).

[49] 吴伟萍. 国外农村合作金融模式与特点及对我国的启示 [J]. 成都教育学院学报, 2005 (5).

[50] 蔡则祥. 国外农业金融制度的比较与借鉴 [J]. 河南金融管理干部学院学报, 2001 (5).

[51] 陈峰燕. 借鉴国外经验探索我国发展农业保险制度的有效途径 [J]. 兰州学刊, 2005 (1).

[52] 国外农业保险发展模式与特点 [EB/OL]. 南京粮网, 2005-09-02. http://grain.nj.gov.cn.

[53] 外国农业保险立法的比较与借鉴 [EB/OL]. 湖南农业信息网,

2003 – 09 – 03. http：//www. hnagri. gov. cn.

［54］ 国外农业利用外资的基本情况［EB/OL］. 上海农委政务网，2002 – 03 – 10. http：//e – nw. shac. gov. cn.

［55］ 刘福毅，邹东海. 从金融抑制到政策导向型金融深化：农民增收的金融支持研究［J］. 金融研究，2004（12）.

［56］ 中国人民银行. 关于加大信贷投入，强化信贷管理，促进农业和农村经济发展的通知. 1998 – 02 – 15.

［57］ 傅志寰. 全国人大常委会关于金融支农问题的调研报告［EB/OL］. 新浪网，2004 – 06 – 24. http：//www. sina. com. cn.

［58］ 冯兴元等. 农村中小企业融资问题与对策［J］. 中国软科学，2005（1）.

［59］ 程汝鉴，石润梅. 新疆农信社改革何以"步履蹒跚"？［N］. 金融时报，2005 – 02 – 03.

［60］ 白广玉，陈淼. 农业金融资源配置及其效率分析［J］. 农村金融研究，2005（10）.

［61］ 王永龙. 中国农业转型发展的金融支持研究［M］. 北京：中国农业出版社，2004.

［62］ 拉孜克·买买提，张玉民. 法人治理结构缺损与体制性腐败：农村信用社案件研究［J］. 金融研究，2002（6）.

［63］ 1.4 亿元金融黑洞是如何形成的［N］. 新疆日报，2005 – 08 – 05.

［64］ 转发自治区审计厅关于全区部分地州农村信用合作社 2003 年度资产质量和经营状况审计调查报告的通知［EB/OL］. 天山网，2005 – 03 – 29. http：//www. tianshannet.

［65］ 高勇等. 农村金融体系的制度缺陷及政策建议［J］. 统计与决策，2006（4）.

［66］ 陆磊. 以行政资源和市场资源重塑三层次农村金融服务体系［J］. 金融研究，2003（6）.

［67］ 宋亚敏. 对信贷配给模型的基层实证［J］. 金融研究，2002（3）.

［68］ 袁炳杰，傅忠伟. 农民专业合作社发展的状况及金融支持的调查［J］. 浙江金融，2006（3）.

［69］ 牛若峰. 改革农村信贷体制 促进农村经济发展［J］. 中国农村信用合作，2002（1）.

［70］ 张孟阳等. 县域金融信贷投入缘何萎缩［J］. 金融理论与实践，2003（5）.

［71］ 何广文，冯兴元. 六招破解农村金融体制创新［N］. 中国经济时报，

2004 – 03 – 19.

[72] 王芳. 我国农村金融需求与农村金融制度：一个理论框架 [J]. 金融研究, 2005 (4).

[73] 陈德峰. 新疆城乡经济社会一体化发展的思路和对策 [N]. 新疆日报, 2005 – 05 – 11.

[74] 王娟, 蒋占华. 农村金融体系改革的战略构想 [J]. 中国农村经济, 2005 (12).

[75] 杜晓山. 农村金融体系框架、农村信用社改革和小额信贷 [J]. 中国农村经济, 2002 (8).

[76] 中国人民银行天津分行课题组. 统筹城乡金融资源配置　完善农村信贷资金回流机制 [J]. 中国金融, 2006 (2).

[77] 赵俊臣. 我们要构建什么样的农村金融体系？ [EB/OL]. 人民网, 2005 – 09 – 28. http：//www.people.com.cn.

[78] 甘永庆. 树立和落实科学发展观　坚持走循环经济的发展道路 [EB/OL]. 青海经济信息网, 2006 – 01 – 17. http：//www.qhei.gov.cn.

[79] 刘敏, 周萃. 8个中央1号文件：记录农村金融改革历程 [EB/OL]. 2006 – 04 – 18. http：//www.zgjrw.com.

[80] 安蓓. 中央1号文件提出深化农村金融改革 [EB/OL]. 2007 – 01 – 29. http：//www.sina.com.cn.

[81] 何广文. 合作金融组织的制度性绩效探析 [J]. 中国农村经济, 1999 (2).

[82] 李庆曾. 让农民选择 [J]. 中国农村经济, 1988 (9).

[83] 李丹红. 农村民间金融发展现状与重点改革政策 [J]. 金融研究, 2000 (5).

[84] 刘民权, 徐忠. 农村信用社改革和政府的职能 [J]. 经济学, 2004 (3).

[85] 刘芍佳, 李骥. 超产权论与企业绩效 [J]. 经济研究, 1998 (8).

[86] 王家传, 刘廷伟. 农村信用社改革与发展问题研究：山东省农村信用社问卷调查综合分析报告 [J]. 金融研究, 2001 (8).

[87] 谢平. 中国农村信用合作社体制改革的争论 [J]. 金融研究, 2001 (1).

[88] 中国人民银行沂南县支行课题组. 外部垄断和内部竞争：论农村信用社的非制度性变迁 [J]. 金融研究, 2001 (12).

[89] 中国银行业监督管理委员会. 关于农村信用社以县（市）为单位统一法人工作的指导意见. 2003.

[90] 吕勃. 关于强化对农村合作经济组织金融支持的思考. 自治区供销社财会处. 2006 – 08.

[91] 尼合迈提·霍嘉. 论新疆建设和发展农民专业合作经济组织的意义 [J]. 新疆社科论坛, 2008 (2).

[92] 李季刚. 新疆乡镇企业信贷支持实证研究 [J]. 新疆财经, 2008 (1).

[93] 牛鲁江, 冯鹤鸣. 对新疆农民专业合作组织发展的思考 [J]. 新疆财经, 2008 (1).

[94] 金微. 改善中小企业结算服务 努力提高银行经营效益 [J]. 西安金融, 2005 (2).

[95] 新疆乡镇企业局. 2006 年新疆乡镇企业经济运行分析情况通报. 2007 – 02 – 10.

[96] 杨梅. 新疆中小企业信用担保问题及对策 [J]. 新疆农垦经济, 2005 (8).

[97] 中国人民银行乌鲁木齐中心支行课题组. 新疆金融业支持新农村建设情况的调研报告 [J]. 新疆金融, 2008 (1).

[98] 中国人民银行乌鲁木齐中心支行课题组. 新疆县域经济的金融支持体系实证分析 [J]. 西部金融, 2007 (9).

[99] 祝丹涛. 农村金融需求的特点分析 [EB/OL]. 中国合作金融网, http://www.ccfn.com.cn.

[100] 新疆乡镇企业发展情况 [EB/OL]. 中国农产品加工网, http://www.csh.gov.cn.

[101] 史福厚. 二十世纪九十年代以来西方金融发展理论评析 [J]. 时代经贸, 2006 (9).

[102] 沈军. 新金融发展理论的构建与中国效率型金融变革 [J]. 财经科学, 2006 (7).

[103] 陈晓枫, 叶李伟. 金融发展理论的变迁与创新 [J]. 福建师范大学学报 (哲社版), 2007 (3).

[104] 曹协和. 农村金融理论研究进展及评述 [J]. 南方金融, 2007 (12).

[105] 陆兵. 积极推进民族地区社会主义新农村建设 [N]. 广西日报, 2006 – 05 – 29.

[106] 姜作培. 金融资源配置：新农村建设的关键 [J]. 国家行政学院学报, 2007 (4).

[107] 吴晓灵. 完善农村金融服务体系 支持社会主义新农村建设 [J].

中国金融, 2006 (11).

[108] 王双正. 我国农村金融体系发展的深层次思考 [J]. 金融理论与实践, 2006 (1).

[109] 陈德峰. 创新农村金融体制 为新疆新农村建设提供金融支持 [J]. 新疆金融, 2006 (6).

[110] Beneinenga, Valerie R., and Bruce D. Simith. Financial Intermediation and Endogenous Growth [J]. Review of Economic Studies, 1991 (58).

[111] Galbis Vicente. Financial Intermediation and Economic Growth in Less – developed Countries: A Theoretical Approach [J]. Journal of Development Studies, 1977, 13 (2).

[112] King, Robert, and Ross Levine. Finance and Growth: Schumpeter Might Be Right [J]. Quarterly Journal of Economics, 1993, 108 (3, August).

[113] Pagano, M.. Financial Markets and Growth: An Overview [J]. European Economic Review, 1993 (37).

[114] H. T. Patrick. Financial Policies and Economic Growth [J]. An Overview European Economic Review, 1966, 37.

[145] Pinako Bose. Formal – informal Sector Interaction in Rural Credit Markets [J]. Journal of Development Economics, 1998, 56.

[146] Rodrigo A. Chaves, Claudio Gonzalez – vega. The Design of Successful Rural Financial Intermediaries: Evidence from Indonesia [J]. World Development, 1996, 24 (1).

[147] Stiglitz J., Andrew Weiss. Credit Rationing in Markets with Imperfect Information [J]. American Economic Review, 1981, 71 (3).

[148] Stiglitz J.. Markets, Market Failures, and Development [J]. American Economic Review, 1989, 79 (1).

[149] Roger Thomas Moyes. Technical Assistance for Rural Finance in Central Asia [R]. Asian Development Bank, December 2002.

[150] Eugene Gurenko, Olivier Mahul. Enabling Productive But Asset – Poor Farmers to Succeed: A Risk Financing Framework [R]. World Bank Policy Research Working Paper 3211, February 2004.

后 记

本书在国家社科基金青年项目"民族地区农村金融资源配置研究——基于新疆社会主义新农村建设的背景"（06CJL008）研究成果的基础上，更新了数据，并对部分内容进行了调整。

本书的主要作者如下：

李季刚，男，新疆财经大学金融学院副院长，教授，硕士生导师，管理学博士，中央财经大学应用经济学博士后。

杨红丽，女，新疆财经大学金融学院讲师，管理学博士。

李景跃，男，新疆财经大学金融学院副教授，管理学硕士，硕士生导师。

郭晖，女，新疆农业大学经济贸易学院副教授，管理学博士，硕士生导师。

刘清娟，女，新疆财经大学金融学院副教授，经济学硕士，硕士生导师。

对以上合作者的付出深表感谢。此外，还要感谢在调研中承担调研任务的研究生与本科生，感谢他们的辛勤工作。感谢相关部门在研究工作中提供的各种数据与资料以及调研环境。

最后感谢教育部新世纪优秀人才支持计划（NCET-10-0968）、新疆维吾尔自治区重点学科金融学建设资金及新疆财经大学科研基金的资助。

作　者
2012 年 1 月